넛지영어

영어 긍정감을
키워 주는
다정한 한마디

넛지영어

Just be you!

That's enough.

It's okay.

You matter.

I see you.
I hear you.

엘리쌤 지음

미르책방

'경험이 미래에게'
미류책방은 미미와 류의 2인 출판사입니다.
경험이 미래에게 들려주는 수북한 시간들을 담으려고 합니다.
책을 만들고, 책을 읽는 그 모든 시간들이 아름답게 흘렀으면 좋겠습니다.
그리하여 먼 훗날, 한 그루 미류나무처럼
우리 모두 우뚝 성장해 있기를 소망합니다.

'먼저 스스로에게 어떤 사람이 되고 싶은지 말하고, 그 다음에 해야 할 일을 하라.' _에픽테토스

사실 책을 쓰기로 결심하기까지 참 많이 망설였습니다. '이미 엄마표 영어에 관련된 좋은 책이 많은데, 굳이 하나를 더 보태야 할까' 하는 마음이 컸거든요. 게다가 "영어란 자고로 귀에 얹어걸리게 하고, 자꾸 입 밖으로 많이 내뱉으며 익히는 것"이라 외치며 온라인 강의도 만들어 놓은 마당에 또 다른 '눈으로 보는 영어책'을 써도 되는 걸까 싶어 주저했습니다.

그런 저에게 많은 분들이 용기를 주셨어요. 표현은 조금씩 달랐지만 신기하게도 결은 동일한 이야기를 해 주셨습니다.

"육아 실전에 바로 써먹을 수 있는 영어 표현이 좋은 건 물론이고요, 엘리쌤이 아이를 키우는 모습 그대로가 영어에 녹아들어 있는 거……. 육아 태도나 언어 자극 이야기를 덧붙여 설명해 주시는 점이 너무 좋았어요. 사실 저만 알고 싶은데, 아이들 모두 건강하게 잘 자라야 하니까 많이들 보실 수 있게 책으로 내주시면 정말 좋겠어요."

그렇다면 단순히 일대일 한영 번역판 영어가 아니라 '왜 이런 표현을 썼는지' 알고 쓸 수 있도록 돕는 책, 육아를 하는 엄마, 아빠라면 고개를 끄덕이며 읽어 나갈 수 있는 책을 육아와 아이를 바라보는 시선을 조금 더 다정하게 만들어 줄 수 있는 이야기로 풀어 보자고 마음먹었습니다.

그래서 1부에서는 넛지영어가 어떻게 탄생하게 되었는지, 넛지영어란 무엇이며, 왜 영어 표현에 바른 육아 가치관이 녹아 있어야 하는지, 영어에 대한 긍정적인 정서가 왜 중요한지 설명합니다. 뒤에 나오는 영어 표현들의 뿌리가 되는 부분으로, 가장 많은 공을 들였답니다. 뿐만 아니라 넛지영어에서 말하는 의미 있는 영어 노출이 가진 힘과 방법론을 설명하고 가장 많이 하시는 대표적인 질문들을 풀어 드렸습니다. 편안한 마음으로 읽어 주세요. 방향을 몰라 갈팡질팡하다 일어난 마음의 흙탕물이 천천히 가라앉기 시작할 거예요.

2부는 본격적인 영어 표현을 배우기에 앞서 부모가 반드시 마음과 머리에 새겨 두어야 할 아이의 뇌 발달에 대한 정보, 그리고 영어 환경 만드는 방법과 저의 경험을 공유합니다. 엄마표로 영어를 진행할 때 가장 큰 '독'은 '불안감'인데요, 우리는 내가 잘 알지 못하는 길을 가야할 때, 결과를 예측할 수 없을 때 불안감을 느낍니다. 육아에 있어서는 더 그렇습니다. 내가 아닌 '자녀'의 삶이기에 그 불안의 파도가 시시때때로 찾아오지요. 다행히도 그 불안감은 우리 스스로 잠재울 수 있습니다. 아이의 뇌 발달 과정을 조금만 더 이해하고, 영어에 접근하는 우리의 패러다임을 바꾸고, 엄마표 영어로 아이를 잘 키워 내고 있는 선배맘들의 경험담을 보며 우리 아이에게 맞게 조금씩 다듬어 실천을 하면 됩니다. 일상 속 영어 한마디 건네기 전, 여러분의 마음을 준비시켜 드릴게요.

3부에서는 아이들의 일상 '먹놀잠'을 바탕으로 한 실전 육아 표현을 정리했습니다. 이 책의 가장 핵심이지요. 아침에 눈 뜨고 일어나서부터 저녁에 잠들기까지 현재 육아 진행형인 엄마 입장에서 정말로 많이 쓰는 표현들을 다루었어요. 영어 표현과 그 뜻의 단순 나열이 아닙니다. 어떻게 그 영어 표현이 육아에 도움이 되는지 해당 파트별로 핵심 포인트를 설명하였습니다. 실생활에 바로 써먹기 좋고 진짜 부모가 하는 말이라는 평이 자자한 이 표현들을, 육아하는 부모의 관점에서 조금 더 쉽게 이해하고 활용하실 수 있도록 '엘리쌤의 한마디'에 한 번 더 풀어 드렸고 요. 비슷한 맥락과 상황 속 영어 표현들을 더욱 풍성하게 반복할 수 있도록 영어 그림책까지 함께 연계하여 소개하는 'Book & Nudge' 섹션도 제공합니다.

4부는 부모의 말 한마디 넛지 주기 이후의 로드맵을 제시합 니다. 더욱 풍성한 영어 노출 환경 만들기가 궁금하셨던 분들에 게 어떻게 하면 영어책을 더욱 재미있게 읽어 줄 수 있는지, 영어 영상은 무엇을 보여 주면 되는지 구체적인 방법을 알려 드릴 거 예요. 뿐만 아니라 아이의 마음에 꽃을 피우는 30가지 강력한 문구를 제공합니다. 너무 길면 입에 안 붙는 법! 최대한 간결하 면서 힘이 있는 말로 꾸러미를 모았으니 꼭 활용해 주세요.

미국의 시인 에머슨의 표현을 빌리면, "말이란 말하는 사람 의 이면에 숨은 인간의 크기에 따라 그 의미가 달라진다"고 합 니다. 오늘 아이에게 건네는 말 한마디에 나와 우리가 녹아 있기 에, 언어를 떠나 긍정 정서가 가득 녹아난 살아 있는 표현을 건 네는 일은 너무 중요합니다. 시작은 아이를 위한 것이었지만 종 국에는 엄마인 나를 돌아보고 성장하게 만들며 육아 효능감이 올라가는 넛지영어. 혼자 가면 외롭지만 같이 가면 할 만합니다.
저와 그 길, 같이 걸어요.

Welcome aboard!

2025년 1월

넛지영어 엘리쌤(신혜조)

차례

4부 더욱 풍성한 영어 노출 환경은 이렇게 꾸며 보세요

영어만 보면 찌푸리는 아이,
"영어 싫어!"가 "엄마 싫어!"가 되는 아이,
나중에 학원에 가서 전기세 내주는 아이 말고

영어 소리가 즐거운 아이,
영어책 스스로 꺼내 읽는 아이,
영어 영상을 보며 깔깔 웃는 아이,
영어로 자신을 표현하고 싶은 아이,
스스로 움직이는 아이가 되게
정서의 기초를 쌓아 주는

넛지영어에 오신 것을 환영합니다.

1부

영유아기에는
영어 긍정감이 전부입니다

부모표 영어의
성공을 가르는 열쇠

　부모는 언제나 아이에게 최선의 것을 주고 싶습니다. 그래서 사랑의 온도가 높아질수록 부모의 불안도 같이 올라가곤 합니다. 소셜 미디어 속 범람하는 정보에 치이고 주변의 앞서 나가는 또래 친구들을 보면 마음 한편은 더 무거워지죠. 우리 아이만 아무것도 안 하는 것 같고, 내가 제대로 하고 있는 건지 자신이 없어지고, 이러다 학교 입학하면 더 뒤처지는 건 아닐까 마음이 불편합니다. '뭐라도 해야 할 거 같은데'라는 생각은 48개월, 만 4세만 넘어가도 스멀스멀 부모의 마음에 들어옵니다. 지금 학령기를 앞둔 자녀를 둔 부모라면? 한결 더 커진 이 불안 덩어리가 월세 한 푼 안 내고 부모 마음 한자리를 차지하고 무겁게 눌러요. 이 불안, 어떻게 해소하면 될까요?

제가 현장에서 아이들을 만나며 확신하게 된 것이 있습니다. 영어라는 마라톤에 있어서 중요한 것은 당장의 영어 실력보다 영어에 대한 감정이라는 사실이지요. 영어에 긍정적인 감정을 가진 아이들은 말부터 달랐습니다.

"난 영어가 좋아요. 재미있어요."

잘하니까 재미있는 것 아니냐고요? 그것도 맞습니다. 어른 아이 할 것 없이 잘하면 재미있고, 재미있으니 계속하게 되고, 더 잘하고 싶은 선순환이 이루어지지요. 하지만 처음부터 영어를 잘하는 아이는 없습니다. 선순환을 일으키는 영유아기 영어 노출 핵심 포인트는 정서 챙기기와 마음 근육 키우기에서 시작한답니다. 이게 무슨 말이냐고요? 영어 단어 하나 더 많이 아는 것보다, 일상 속에서 영어를 자연스럽게 하나의 언어 도구로 받아들이고, 영어로 된 매체를 즐길 줄 아는 태도를 먼저 키워야 한다는 뜻입니다. 달리 말하자면, 만 4세, 5세에 영어책을 술술 읽지 못하고 파닉스를 떼지 못한 것을 불안해 할 필요가 없다는 말이에요.

영어가 만만한 아이 곁에는 영어 습득의 본질을 이해한 부모가 있다는 사실을 잊지 마세요. 본질을 제대로 알면 영어를 잘 못하던 아이나 영어를 거부하던 아이도 "나도 영어 잘해, 영어로 말해 줘, 영어책 읽어 줘"라고 말하는 선순환에 올라탈 수 있

              영어 긍정감이 전부입니다

어요. 이 성공의 열쇠가 바로 영어 정서, 영어 긍정감입니다.

감사하게도 지난 10여 년간 부모님과 아이들을 가르치고 직접 육아를 하며 얻었던 인사이트를 온라인 강의로 풀고, 책으로 엮게 되었습니다. 무언가를 세상으로 꺼낸다는 것은 제 생각보다 너무 고된 일이었습니다. 하지만 고작 인생을 5~7년 살아 본 아이들의 입에서 "선생님, 저는 영어가 너무 싫어요. 그냥 억지로 하는 거예요", "저는 영어 못해요. 나는 잘하는 게 아무것도 없어요"라는, 선생님으로서도, 부모로서도 마음 한편이 아려오는 말이 나오지 않게 하고 싶었어요. 몇 마디 할 줄 몰라도 "내가 영어는 좀 하지! 영어책을 꺼내서 그림도 볼 줄 알지!"라는 영어에 대한 긍정적인 마인드를 심어 주고, 스스로에 대한 믿음과 효능감을 끌어올려 주고 싶었습니다.

단순히 영어 과목 하나 잘하는 것 말고 본인이 진정 원하는 것을 배우는 데 꼭 필요한 단단한 마음을 함께 키워 주는 일, 이것은 결국 아이 곁에서 가장 많은 시간을 함께 살아가는 부모만이 할 수 있는 일입니다. 영어는 거창하고 어마어마해서 감히 내가 어쩌지 못할 대상이 아니라, 나와 상대방의 마음과 마음을 이어 주고 생각 위에 생각을 더해 주는 도구임을, 그저 일상에서 사용하는 소통의 수단임을 우리 부모부터 깨달아야 하는 이유입니다. 부모로부터 이러한 가치관과 언어에 대한 감정을 전달

받을 때 아이는 비로소 긍정의 씨앗을 움 틔울 준비를 하지요.

　영유아기 부모표 영어 성공의 핵심은 '아이와의 관계를 튼튼히 하는 언어'입니다. 넛지영어에서 알려 드리는 효율적이고 유의미한 표현들을 통해, 여러분은 뿌리 깊은 애정과 안정적 애착을 키우는 가장 좋은 방법이 일상 속 상호 작용임을 다시 한 번 느끼게 될 것입니다. 미취학 아이를 키우고 있는 제가 수많은 영어 표현 중 어떤 말을 건네야 이 시기에 필요한 영어도, 육아도 똑소리 나게 할 수 있는지, 리얼 육아 현장 필수 표현들을 갈무리해 두었습니다. 일상 속 필요한 상황에 맞는 제대로 된 문장들이 아이의 귀에 쌓이고, 영어 그림책으로 놀면서 생각하는 힘이 키워지며, 영어 영상으로 일상 속 즐거움을 심는 가운데, 아이는 스스로 치고 나가는 '영어 습득 자동화 시스템'을 구축하게 될 거예요. 이 시스템의 무한 동력은 부모로부터 수혈 받는 영어 정서와 긍정감임을 꼭 기억해 주세요.

부모표 영어에 육아 가치관이
반드시 녹아 있어야 하는 이유

"엘리쌤의 영어는 단순한 영어가 아니라 육아 가치관을 바꿔 주는 영어예요." "넛지영어는 육아하면서 진짜 다 제가 쓰는 말들이라 너무 유용해요."

아직 아이를 키울 날이 구만리는 족히 남은 제게 참 분에 넘치는 칭찬들을 많이 듣습니다. 부끄러움과 동시에 열심히 공부하고 실천하고자 노력해 온 애씀이 헛되지 않았구나 싶기도 해요. 자칭 '제 아이 임상 실험'도 끝나지 않은 마당에 귀한 말씀을 들을 수 있었던 것은 다양한 책을 읽으며 삶에 적용시키고자 하나씩 도전해 왔기 때문이라 생각합니다. 작심삼일의 나날이었지만 실천의 씨실과 날실을 엮어 가며 제 잘난 부분과 못난 부분을 살피고, 그 가운데 저만의 긍정감이 더해진 육아 정서가 세워졌습니다.

이쯤에서 살짝 제 배경을 이야기해야 할 것 같네요. 저는 소위 말하는 유학파 엄마입니다. 이 타이틀만 쓱 보면 아이에게 영어를 가르쳐 줄 수 있는 '좋은 조건'을 가진 엄마이지요? 하지만 '나랑은 다른 사람이군'이라는 생각에 책을 덮지는 말아 주세요. 용기와 발상의 전환을 도와 드리고자 꺼낸 이야기이니 부디 어린아이와 같은 반짝이는 호기심을 가지고 들어 주셨으면 좋겠습니다. 그 호기심이 우리를 어디든 데려다 놓는 법이니까요.

저는 한창 조기 유학이 붐이던 2000년대 초반, 조금 늦게 유학을 준비했습니다. 당시에는 대부분 중학교 재학 중에, 또는 졸업하고 바로 영미권 고등학교로 진학하는 친구들이 많았어요. 저는 고등학교 1학년 재학 중에 3개월간 고밀도로 유학을 준비했습니다. 그리고 합격 발표가 나지도 않은 시점에 다니던 학교를 자퇴했습니다. 3개월 준비로는 당연히 턱없이 부족한 실력이었지만 다행히 원하던 고등학교 입학 통지서를 받아들 수 있었습니다.

제가 다닌 고등학교는 ESL, 즉, 영어를 제2 외국어로 사용하는 학생들을 위한 반을 제공하지 않는 곳이었어요. 외국인이라고 봐주지도 않았을 뿐더러 저 역시 무시당하는 것은 자존심이 허락하지 않아 더욱 이를 악물고 공부했습니다. 그리고 다행히 그 노력들은 원하는 대학에 합격하는 것으로 보상을 받았습니다.

저는 약 10년에 걸친 유학 생활을 통해 영어를 비롯하여 고등학교 때는 스페인어를, 대학에서는 일본어를 복수 전공했어요. 언어 습득에 천부적인 재능이 있었느냐고 물으신다면, 네, 아니었습니다. 그저 상대적으로 숫자에는 도통 재미를 못 붙이는 전형적인 문과생이 그나마 재미있는 거 찾아 살아남은 방법이었습니다. 전 사람을 만나며 아이디어를 짜내거나 이국적인 단어를 익히고 그 나라의 문화를 배우는 게 재미있는 사람이었어요.

외국어를 배운다는 것은 결국, 모국어가 가지고 있는 제한된 세계관에 새로운 사고와 표현 방식을 더하는 일입니다. 더 나아가 새로운 태도를 배우는 일입니다. 원어민의 의식과 의지 등을 적극적으로 받아들이는 자세랄까요. 이를 통해 체득한 수용적인 사고는 삶을 보다 유연하게 바라보게 해 주었습니다. 자연스럽게 이런 가치관을 제 아이에게 알려 주고 싶었고, 임신 기간 동안 이중 언어자로 키워야겠다 마음먹게 되었답니다.

'유학생 출신의 부모는 부모표 영어, 집에서 다들 쉽게 할 수 있는 거 아닌가?'라고 생각하실지도 몰라요. 하지만 적어도 제 주변의 수많은 유학파 부모의 현실은 달랐습니다. 충분히 영어를 잘함에도 불구하고 부모표 영어를 진행하는 비율은 거의 0

에 수렴했습니다. 처음에는 저도 의아했어요. 그러다 아이를 키우다 보니 아하! 하는 순간이 찾아왔답니다. 육아를 접목시켜 영어 노출 환경을 만드는 일은 부모의 영어 구사력과는 전혀 다른 일이라는 것을요. 이 이야기를 뒤집어 말하자면 이렇습니다. 부모의 영어 실력은 아이를 위한 영어 환경 만들기에 필수 불가결한 조건이 아니며 심지어 그것이 아이의 영어 실력과 직결되지 않는다는 사실이요.

부모도 부모가 처음인지라 육아가 쉽지 않듯이, 영어를 잘할 수 있어도 '육아 영어'를 잘 하는 사람은 드물어요. 업무 미팅이나 컨퍼런스콜에서는 영어를 곧잘 하는데, 정작 아이에게 "쉬야 참지 말고~", "손 오므려 물 받아 보자" 같은 영어는 안 나오는 거죠. 그러니, 부모의 영어 실력은 부모표 영어 성공을 위한 절대 조건이 결코 아님을 기뻐하세요! 실력이 다소 부족하다고 느낀다면, 할 수 있는 만큼만 아이와 함께 키워가면 됩니다. 우리가 육아를 처음부터 잘하는 게 아니라 아이의 이 울음이 배고픔 때문인지 졸음 때문인지 무한히 시험 당하고, 쉬야에 젖은 이불 빨래 돌려 보며 익숙해지는 것처럼, 육아 영어도 내가 일상에서 '뱉어 보면서' 점점 늘게 됩니다. 아이를 키우는 시간을 부모도 성장하는 시간으로 만드는 윈윈 전략에 필요한 리얼 육아 맞춤형 영어 표현은 이 책으로 알려 드릴게요.

의미 있는
소리 노출이란?

넛지영어의 목표는 부모의 부담은 최대한 줄이되, 유의미한 소리 노출을 통하여 영어 긍정감을 심어 주는 것입니다. 그렇다면 유의미한 소리 노출이란 무엇일까요? 한마디로 정의해 볼게요. 바로 부모와 함께 상호 작용하는 일상 속에서 그 상황에 필요한 모든 소리를 말합니다. 스쳐지나가는 배경 음악 같은 소음이 아닌, 아이가 이해하고 행동할 수 있는 모든 소리 노출을 말합니다.

모국어 발달을 예로 들어 보면 더욱 이해하기 쉬워요. 우리는 '엄마', '아빠', '잘 잤어요, 우리 아가?', '쉬 마려워?', '기저귀 갈아 줄게', '양치하자', '옷 입혀 줄게'와 같은 말을 계속해서 아이에게 들려주지요. 반복되는 충분한 모국어 소리 노출을 통해 아이는 주변 소음과 언어로서의 소리를 구분합니다. 이렇게 엄마, 아빠의 언어에 충분히 노출이 되면 아이는 굳이 배우려고 애쓰지 않아도 자연스럽게 자신의 것으로 만들어 나가지요. 조금 극단적인 예입니다만, 우리가 아이를 앉혀 놓고 "자, 쉬 마려워. 쉬 마려워. 따라 해 보자. 쉬, 마, 려, 워"라고 각 잡고 가르치지 않지요? 영어도 마찬가지입니다. 아주 단순하고 쉬운 단어와 짧은 문장부터 그 상황에 맞게 반복하여 들려주지요. 그 가운데 아이는 모방을 시작합니다. 즉, 아이가 이해할 수 있는 상황에서 단어 하나, 문장 하나가 여러 감각 기관과 결합될 때, 그 소리가 의미가 있어집니다.

아이가 이해할 수 있는 상황이 무엇이냐고요? 바로 이런 겁니다. 아침에 일어나니 엄마, 아빠가 웃으면서 뽀뽀해 주고 쓰다듬어 주며 애정 담긴 눈빛을 발사하며 건네는 "Good mornng!" 한마디가 아침에 하는 인사구나 깨닫게 되는 것, 쉬가 마려워서 다리를 덜덜 떨거나 흔들리는 불안한 눈빛을 보일 때 부모가 "Do you need to go potty?" 하며 변기에 앉혀 주면 쉬마려울 때 쓰는 표현임을 알게 되고 개운하게 일을 봐서 기분이 좋아지는 것. 양치를 할 때 "Let's brush your teeth" 뿐만이 아니라 "Back and forth, up and down" 하면서 칫솔이 앞뒤로, 위아래로 움직이는 것을 몸소 느끼는 것. 하원 후, 퇴근 후 다시 만난 부모가 "I missed you so much!" 하면서 품에 꼭 그러안고 못다 한 하루의 온기를 나누는 것이랍니다.

무작정 영어 동요나 책 음원을 틀어 준다고 '들리는 귀'가 만들어지지 않는 이유가 여기에 있습니다. 효율적인 영어 습득은 바로 반복과 배움 당시의 긍정적 감정의 맥락이 맞아 떨어질 때 일어나기 때문이에요. 육아를 하는 우리에게 매일의 일상만큼 무한 도돌이표 '반복'이 가능한 최고의 상황이 있을까요? 그리고 세상 그 어떤 기관이나 선생님이 이 영유아 시기에 부모만큼 옆에서 '좋은 기분'을 선사해 줄 수 있을까요? 하루 종일 아이 옆에 붙어서 기분 좋게 해 줘야 한다는 말이 아닙니다. 5분을 함께 하더라도 그 시간의 조각이 밀도 있는 사랑으로 채워지면 되는 일입니다.

이제 의미 있는 소리 노출 방법은 알았으니, 의미 있는 영어란 무엇일까를 생각하지 않을 수 없습니다. 넛지영어에서 의미 있는 영어란 아이가 움직이는 영어입니다. 달리 말하자면, 아이가 듣고 이해할 수 있고, 듣고 수행할 수 있고, 그럴 마음이 드는 긍정적인 '부모의 말'입니다. 그래서 넛지영어는 "안 돼", "하지 마", "위험해", "뛰지 마", "빨리해"란 말 대신 이를 대체할 수 있는 긍정 강화 표현을 담고 있습니다.

부정어가 아이의 궁극적인 행동 변화에 도움이 되지 않는다는 사실은 이미 익히 알고 있을 거예요. 넛지영어는 아이의 자기 주도성을 키워 줄 수 있는 표현과 아이의 아이다움을 존중하는 표현으로 이루어져 있습니다. 그 이유는 간단합니다. 육아의 목표인 아이의 독립과 자립의 뼈대는 아이의 '스스로 하는 힘' 이기 때문이에요. 우리 아이가 스트레스 상황에서도 쉽게 흔들리지 않고 맡은 일에 적극적으로 임하며, 사람들과 좋은 관계를 맺고 원하는 바를 하나씩 이뤄나가는 멋진 어른으로 자라나는 데는 안정적 애착을 바탕으로 꽃 피운 자기 주도성이 뿌리내려야 합니다. 심리학자 에릭슨의 말에 따르면 아이들은 만 2세부터 자기 주도성을 키우는 연습이 가능하다 합니다. 3~4세부터는 스스로 세수하기, 양치하기, 신발 신기, 옷 입기와 같은 일들을 미숙하더라도 차근차근 해냄으로써 자신감과 성취감을 키워나갈 수 있습니다.

넛지영어의 리얼 육아 표현들은 단순히 "양치하자", "세수해", "신발 신어", "옷 입어"로 끝나지 않습니다. 이 과업을 수행할 수 있도록 돕는 문장으로 구성되어 있습니다. 아이가 자신감을 얻고, 스스로 해내는 힘을 키울 수 있는 부모의 말로 영어와 육아를 함께 버무려야 의미가 있는 영어라고 생각합니다.

넛지영어,
1할의 노력이면 충분해요

『넛지영어』는 타 부모표 영어처럼 양으로 승부하는 책은 아닙니다. 어떤 표현은 또 너무 쉬워서 '아니, 정말 이게 다예요?' 라는 생각이 드실지도 모르겠어요. 자, 잠깐 일어나서 책장을 한 번 훑어보세요. 지금 책장에 꽂혀 있는 수많은 영어 회화책 중 몇 권이나 완독했나요? 그 안에 담긴 수많은 표현들을 얼마나 자주 아이에게 써 주나요? 또는 표현이 너무 많아서 뭘 쓰라고 했는지 기억이 안 나 타이밍을 놓치신 적은요? 또는 내가 하고 싶은 말이 육아 영어로 정확히 무엇인지 궁금하신 적 없었나요?

그런데 대부분의 부모님들은 얇은 한글 에세이 한 권 읽어 낼 심적 여유도 없는 때가 많습니다. 현대 사회, 수많은 역할을 저글링하느라 참 바쁘거든요. 어깨에 부여된 많은 과업을 쳐 내

느라 머릿속이 시끄럽든지, 마음이 소란스럽든지 합니다. 아이의 영어에 관심이 많지만 아이 영어에만 목매고 있을 수도 없는 노릇이고요. 그래서 현대 사회 부모에게는 오늘부터 바로 쓸 수 있는 효율적인 진짜 육아 영어가 필요합니다. 돌아서면 쌓여 있는 설거지 해야 되고, 밀린 빨래도 개켜야 하고, 아이를 먹이고, 입히고, 씻기는 일만 해도 벅차니까요.

그래서 부모인 우리가 육아하면서 많이 쓰는 표현, 긍정적인 육아 가치관이 녹아들어 아이가 행동하게 만드는 표현이 가득한 넛지영어의 쓸모를 '클래스유' 온라인 강의에서 먼저 인정받고, 감사하게도 이렇게 책으로 풀어내게 되었습니다. 할 수 있는 만큼만 하되, 부모와 아이 모두가 성장하는 효율적인 표현으로 영어를 익힐 수 있도록 지난 6년의 육아와 10여 년 아이들을 가르친 경험을 녹여 보았습니다.

'나는 영어를 못해서 어려울 것 같은데' 하는 생각이 든다면, 아이에게 모국어로 건네는 일상의 말들을 가만히 떠올려 보세요. 아침에는 "잘 잤어, 우리 아가?", "기저귀 갈아 줄게", "양치하자, 치약은 조금만 짜면 돼"를, 하원 시간에는 품에 꼭 안아 주며 "보고 싶었어"를, 외출하고 들어와서는 "손 씻자" 같은 말을 건네죠. 말이 길지도 않습니다. 이제 우리는 영어 회화 표현이 어려워야 한다는 편견을 깨부술 거예요. 아이에게 건네는 일상 회화는 어려울 필요가 없으니까요. 아이에게 "엄마, 아빠 안녕히 주무셨어요?"를 가르치지 "부모님, 밤새 강녕하셨사옵니까?"를 가르치지 않는 것과 마찬가지입니다.

또한 부모가 모든 표현을 다 해 줘야 한다는 의무감이나 부담감도 싹 내려놓을 거예요. 감사하게도 세상이 너무 좋아져서 AI를 이용해서 나만의 맞춤 회화 연습까지도 가능해진 시대입니다. 우리 부모의 역할은 영어 정서와 긍정감을 장착하는 한마디에 집중하는 것! 그 이상의 것은 그림책과 영상물로 아웃소싱하시기 바랍니다. 아침 인사처럼 말랑하고 쉬운 표현으로 시작하면 부모도 아이도 부담 없이 매일 일상 속에서 상호 작용하며 활용할 수 있어요. 부모가 먼저 편한 마음으로 건네야 듣는 아이도 긍정적인 감정을 전달받기 마련이니까요.

다시 한 번 강조 드립니다. 넛지영어에서는 딱 1할의 노력만 하세요. '나도 할 수 있네? 이거 별 거 아니네?'라는 마인드를 장착하시고, 온도는 딱 1도만 높여 다정하고 따뜻한 말을 건네고, 우리 아이를 바라보는 시각은 1도만 틀어 영어와 육아가 모두 한결 편해지는 경험을 해 보시기 바랍니다.

Ready? Let's give it a go!

그래서 대체
넛지영어가 뭐예요?

넛지(nudge)를 사전에서 찾아보면 '팔꿈치로 슬쩍 찌르다', '주의를 환기시키다'란 설명이 나옵니다. 이것이 경제학 용어로 차용되어 '강압하지 않고 부드러운 개입으로 사람들이 더 좋은 선택을 할 수 있도록 유도하는 방법'을 뜻하게 되었습니다. 우리나라에서도 오래전에 같은 제목의 책이 번역 출판돼 큰 인기를 끌면서 많은 사람들이 이 용어를 알게 됐지요.

저는 아이를 키우면서 이른바 '넛지육아'를 추구하게 됐습니다. 하나부터 열까지 일일이 다 간섭하면서 가르치고 챙기는 것이 아니라 핵심적인 것만 슬쩍 아이에게 밀어 넣으면, 아이가 그것을 계기로 스스로 해 나갈 수 있는 힘을 기를 수 있게 하려는 것이죠. 양육의 궁극적인 목표는 결국 아이의 독립, 자립이잖아요.

영어에 있어서도 저는 같은 원칙을 적용해 보았습니다. 부모는 일상에서 최소한(1할)의 노력으로 아이에게 긍정적인 자극만 주고, 아이는 그것을 동력 삼아 스스로 더 넓은 세상을 배우도록 돕는 영어 자립 시스템을 만들고 싶었어요.

여기서 중요한 것이 먹놀잠 일상에서 아이와 상호 작용 하에 이뤄지는 영어로 말 걸기예요. 영유아기는 무의식적 흡수기이자 자동 언어 습득 장치가 장착된 정말 중요한 시기지요. 이때는 아주 작은 노력만으로도 큰 효과를 거둘 수 있는 골든 타임입니다. 이 시기에 부모가 아이에게 상황과 맥락에 맞는 말을 적시에 슬쩍 찔러주기를 반복하다 보면 아이는 영어를 머리 싸매고 하는 공부가 아니라, 타인과 소통하기 위한 '언어'로 습득하게 됩니다.

그렇게 하기 위해서는 부모와 아이가 함께하는 리얼 육아 상황에서 꼭 필요한, 진짜로 쓰는 영어 표현을 건네는 것이 중요합니다. 그래야만 아이에게 의미 있는 영어 소리 노출이 이루어질 수 있어요. 상황과 맥락 없는 영어는 단순한 소음에 불과하니까요. 영어 습득은 아이와 가장 가까운 사람이 지속적이고 자연스러운 환경을 만들어 줄 때 비로소 이루어집니다. 그래서 넛지영어는 실제 육아에서 바로 사용할 수 있는 진짜 영어 표현만을 엄선했습니다.

넛지영어의 또 한 가지 특징은 긍정 언어를 사용한다는 점입니다. '하지 마' 같은 금지어는 가능한 한 사용하지 않아요. 왜냐하면 우리가 아이에게 영어를 알려 주는 목적이 단순히 영어 잘하는 기계를 만들려는 것이 아니라, 영어라는 언어를 통해 긍정적인 가치관을 심어 주기 위해서이기도 하니까요.

긍정 언어로 건네는 넛지영어란, 아이에게 자유 의지를 허락하면서 스스로 움직이는 즐거움을 주는 영어예요. 그래서 넛지영어를 하다 보면, 나의 언어가 긍정적일 때 아이가 긍정적으로 움직이는 걸 보는 즐거움이 있습니다. 즉, 부모의 말을 바꿔 아이의 변화를 유도하는 표현들을 사용합니다. 예를 들어 볼까요? 아이가 밥을 먹다가 손에 음식을 묻혔어요. 그럼 아이는 자연스럽게 옷에 스윽~ 문질러 닦습니다. 그럼 우리는 "에헤이~ 뭐하는 거야. 왜 거기다 닦아! 휴지 써야지!"라는 반응을 하죠. 넛지영어에서는 이걸 아이의 입장에서 바라봅니다. 왜 아이가 옷에 닦을까? 아, 쉬우니까. 멀리 손 뻗어 휴지 가져오지 않아도 되니까. 휴지 가지고 오는 게 귀찮으니까. 아니면 정말 아직 잘 몰라서 등등 이유는 하나가 아니에요. 그럼 부모는 이렇게 하는 거예요. "Your t-shirts aren't napkins." 네 옷은 휴지가 아니야~. 꾸짖는 거 하나도 없고요, 그냥 팩트를 전달합니다. 그리고 "Here you go." 화장지를 한 장 툭 뽑아서 닦게 해 줘요. 다음에는 휴지를 더 가까이 놔 주는 방법도 있죠. 이처럼 앞으로 만날 넛지영어의 회화 표현은 단순한 영어 표현이 아니라 아이와 부모가 모두 행복한 육아 가치관이 담뿍 녹아 있답니다.

일상 속 기본이 되는 루틴 표현의 반복을 통해서 소리 노출의 발판을 마련하고 이것이 의미 있어지는 과정을 만드는 일을 최소 3년은 지속하는 것. 이것이 넛지영어입니다.

다시 말해, 넛지영어는 영유아 골든 타임에 의미 있는 영어 소리 노출을 통해 스스로 굴러가는 영어 기초 체력을 만들어 주는 새로운 패러다임입니다. "엄마, 영어 하지 마!"에서 "엄마, 영어책 읽어 주세요"로 바뀌는 기적을 선물하는 1할의 노력의 힘을 가르쳐 주는 부모표 영어.

이제는 아이의 마음을 헤아리고 감정을 살피어 행동을 변화시키고, 더 나아가 영어에 대한 긍정감과 엄마의 육아 효능감도 자라나는 한마디를 건넬 시간입니다.

넛지영어의
골든 타임은 언제인가요?

영어 소리 노출은 빠를수록 좋습니다. 12개월부터 아이는 모국어 소리와 외국어 소리를 구별해 낼 수 있기 때문이지요. 갓 태어난 신생아들은 지구상의 모든 음소를 감지할 수 있지만 이 능력은 1년 안에 상실됩니다. 저는 12~48개월을 생활 회화와 영어책 읽어 주기, 동요 부르고 같이 춤추며 놀기를 시작하기에 가장 적기로 봅니다. 이때를 놓치면 큰일이 난다든가 하는 불안감을 조성하기 위해 하는 이야기가 아니에요. 이때가 아이 발달 특성상 영어를 학습이 아닌 놀이를 통해 최소의 거부감으로, 무의식적으로 흡수할 수 있는 시기이기 때문입니다.

또 한 가지 유념해야 할 점이 부모의 불안감입니다. 아이가 커갈수록 부모의 불안감은 커져서 유명하다는 학원을 알아보고, 여기저기 좋다는 정보에 휘둘리게 되고, 마음이 초조해져 괜히 아이를 잡습니다. 하지만 영유아기부터 눈에 쌍심지 켜고 옆집 아이와 비교부터 시작하는 부모님은 안 계실 거예요. 12개월에 걸으면 걷는대로 잘한다 칭찬하고, 18개월 언어 폭발기가 시작되면 한 단어, 한 단어 말할 때마다 물개박수 치고 감격하지요. 그 이유는 바로 영유아기는 아이도 부모도 마음도 시간도 여유로운 상황이기 때문입니다. '시간'이 내 편이라서요. 이때는 마냥 학습으로 치닫지 않고 재미로 영어를 습득할 수 있기 때문에 황금기라는 뜻이지요. 이 때를 놓치면 큰일 나는 거, 절대 아닙니다!

강의를 하다 보면 "우리 아이는 여섯 살인데, 엄마표 영어 하기에는 너무 늦은 거 아닌지 불안해요"라는 질문을 자주 받습니다. 늦었다의 기준은 상대적이니 너무 불안해하지 마시라고 저는 꼭 말씀 드립니다. 영유아 시절부터 간단한 생활 영어와 영어 동요, 영어 그림책으로 풍부한 소리 노출을 해 온 경우가 아니라면, 그 작업을 이제 시작해 주면 됩니다. 되레 5~6세 또는 그 이후의 아이들은 그만큼 인지 발달이 되어 있고 모국어로 알고 있는 내용이 많기 때문에 효율적인 흡수가 가능한 부분도 있습니다.

몇 살에 시작했느냐가 문제는 아닙니다. 대신 우리 아이만 뒤처지는 거 아닌가 하는 불안함이 불안함 그 자체로 남으면 문제가 됩니다. 어떤 불안함이나 두려움을 없애는 가장 좋은 방법은 바로 지금 행동하는 것이죠? 그러니 '우리 아이가 여섯 살이라 늦었구나' 생각하시기보다 '아~ 일곱 살 때 시작하는 것보다는 빠르네~' 생각하며, 지금 할 수 있는 것을 하면 됩니다. 다만 이때 가장 중요한 부모의 마인드셋은 조급하지 말기예요.

조급해지지 않으려면 비교하지 않아야 합니다. 옆집 그 아이, 유치원 친구, 소셜 미디어 속 레벨 높은 영어책을 술술 읽고 영어로 말도 잘하는 아이를 보면 갑자기 마음 한편이 덜컹거든요. 그럴 때는 영어 아웃풋 자체보다 아이가 정말로 영어를 즐기는지를 더 눈여겨 봐 주시기 바라요. 어차피 모든 공부는 장기전이고, 부모가 끌어 주며 할 수 있는 공부는 초등학교까지입니다. 조급함은 내려놓고 우리 아이의 수준과 관심을 살뜰히 살피고 면밀히 관찰하는 여유와 인내심을 장착하고 '굿모닝!'부터 시작해 보세요. 그리고 아이의 관심사에 맞는 영어 그림책을 비롯하여 신나는 동요 듣고 따라 부르기부터 차근차근 일상에 녹여 주시기 바랍니다.

부모가 꼭 영어로 말을
걸어 주어야 할까요?

영어로 말 걸어 주기가 부담이 되는 그 마음, 이해합니다. 그 부담을 덜기 위해 좀 멀리 내다볼게요. 단도직입적으로 말씀 드리자면, 생활 영어 한마디 건네주기는 부모가 조성해 주는 영어 환경에서 정말 작은 부분을 차지합니다. 즉, 부담 없이 할 수 있는 만큼만 하는 것을 목표로 하면 끝입니다. 하지만 이 간단한 말 건네기는 아이가 영어책과 영어 영상을 즐기는데 있어서 긍정의 징검다리를 놓아 줄 수 있는 효과적인 툴이기도 합니다.

우리가 아무리 영어에 능숙하지 않더라도 적어도 "좋은 아침", "잘 잤어?", "배고프지?", "양치하자", "잘 자" 같은 쉬운 문장들은 이미 알고 있어요. 영어 한마디를 건네는 것이 생각보다 어렵지 않으려면 이렇게 부모에게도 익숙하고 아이에게도 친숙한 일상에서 시작해야 합니다. 아이의 언어 습득 과정을 이해하면 고개를 끄덕이게 되실 거예요. 아이는 자신이 이해할 수 있는 상황 속에서 맥락에 맞는 언어를 듣고, 그것이 반복되는 과정에서 언어를 습득합니다. 아이는 자신과 가장 많은 시간을 보내는 부모와의 정서적 교감과 상호 작용을 통해서 가장 빠르게 언어를 습득할 수 있어요. 부모의 음성으로 반복하여 한 마디 두 마디 듣다 보면, 아이는 특정 상황에서 특정 단어나 표현이 더 자주 들린다는 것을 알게 됩니다.

예를 들어, 아침에 일어나서 "잘 잤어, 우리 아가?", 책을 읽을 때마다 "책 읽을 시간이야", 양치할 때마다 "양치하자, 충치 벌레 안녕~", 놀이터에서 "두 손 꼭 잡으렴" 같은 상황과 맥락에 맞는 말을 반복적으로 들으면, 그만큼 아이의 언어 발달에 긍정적인 영향을 미치게 되겠지요. 즉, 아이와 한마디의 영어를 통해 영어가 별 것이 아닌, 일상에서 마주하는 소통의 언어라는 사실을 자신의 하루 활동 속에서 체득하도록 하여, 모국어처럼 습득하도록 하는 것이죠.

다시 정리해 볼까요? 영유아 시기에 부모의 입으로 영어에 노출되는 것이 중요한 이유는 바로 습득의 본질 때문입니다. 일단 학습과 습득의 차이를 이해해야 하는데, 바로 의식적인 노력이 필요한지 아니면 무의식으로 받아들이느냐의 차이이지요.

영유아 시기는 익히 알다시피 스펀지처럼 많은 것을 그대로 흡수하죠. 부모의 언행과 정제되고 정돈된 환경의 제공이 무척 중요합니다. 뿐만 아니라 습득은 아이와 가장 가깝게 지내는 사람이 지속적인 환경을 제공할 때 일어납니다. 부모가 딱 1할의 노력으로 한마디를 건네는데 그 한마디가 아이가 이해할 수 있는 매일의 루틴에서 올 때 가장 효율적인 습득이 이루어지는 것은 자명합니다.

같은 맥락에서 "우리 아이는 아직 모국어도 잘 못하는데, 영어로 말을 건네서 모국어도 망치고 이도저도 안 될까 봐 걱정돼요"라는 고민도 자주 받습니다.

불안한 그 마음, 부모로서 백 번 이해가 됩니다. 하지만, 반대로 제가 여쭤볼게요. 한국에 살고 있는 우리 아이들에게 우리 부모가 아이의 모국어 발달을 저해할 정도로 하루 24시간, 일주일 내내 영어로만 말을 걸고, 영어책만 읽어 주고, 영어 영상만 보여 주는, 그런 몰입 환경을 만들기가 쉬울까요? 단언컨대 두 언어의 인풋량을 비교했을 때, 모국어 인풋이 영어 인풋을 훨씬 뛰어넘습니다. 또한 아이들은 두 언어를 습득하는데 있어 부러울 정도로 천재적인 뇌를 가지고 있어 한국어와 영어를 혼동하지 않습니다.

또 하나 짚고 넘어갈 부분은, 모국어 습득 방식으로 영어를 배우는 것이 모국어를 등한시하는 것과 같다고 오해하는 경우입니다. 하지만 그 어느 부모도 영어 좀 가르치겠다고 우리말을 등한시하면서 그림책 한 권을 안 읽어 주거나, 엄마 아빠 할머니 할아버지 이모 고모 삼촌 죄다 아이와 영어로 이야기하며 상호 작용하진 않습니다. 되레 모국어 습득 방식으로 영어를 하고자 하는 분들은 이미 한국어 책으로 모국어 탄탄하게 키우기라는 기본 전제를 잘 이해하고 계십니다. 그저 아이가 책과 일상 대화를 통해 모국어 소리를 충분히 접하듯, 여기에 영어도 함께 얹어 주자는 거예요.

생각해 보면 너무 단순한 논리입니다. 아이가 어려서 아직 모국어 단어를 많이 모르니 우리는 계속 들려줍니다. 엄마, 아빠, 할머니, 사과, 코끼리 하면서요. 일상에서 "잘 잤어 우리 애기?", "옷 벗자", "쉬하자", "기저귀 갈아 줄게" 이런 말을 자꾸 들려주면서 귀에 걸리게 하잖아요. 영어도 마찬가지예요. 우리가 한국에 살며 이렇게 대화와 책으로 꾸준히 모국어에 노출이 되는 한, 영어로 넛지를 주는 게 모국어 발달을 저해할 수 없습니다. 저해할 정도로 많이 할 수가 없어요. 이 시기 아이의 놀라운 뇌는 모국어와 영어 소리를 구분해 낼 수 있습니다. 그러니 청각이 예민한 시기에, 쉽게 한두 마디부터 시작해서 두세 마디, 네댓 마디로 늘려가 보시기 바랍니다.

2부

부모표 영어를 시작하기 전,
반드시 알아 두세요

아이의 뇌 발달 과정
이해하기

'우리 아이는 언제 영어 발화가 시작될까?'

'언제부터 파닉스를 시작하면 좋을까?'

'언제쯤 혼자서 영어책을 읽을까?'

부모표 영어를 진행하다 보면 이런 궁금증이 생기곤 합니다. 제대로 하고 있는 게 맞는지, 이대로 가면 될지 가끔은 불안감에 휩싸여 여기저기를 기웃대곤 합니다. 여행할 때 구글맵으로 미리 경로를 살펴보고, 음성 가이드를 들으며 따라가다 보면 한결 마음이 놓이듯, 영어도 아이의 언어 발달 로드맵을 이해하고 있으면 보다 편안한 마음으로 여정을 즐길 수 있습니다.

이를 위해 아이의 언어 발달과 뇌 발달의 상관관계를 짚고 넘어가지 않을 수 없습니다. 모든 것에 전문가일 필요는 없지만 아이의 뇌 발달과 외국어 습득의 상관관계에 대해 기본적인 지식이 있으면 훨씬 육아가 편해진답니다. '얘가 대체 왜 이러는 걸까', '무슨 문제가 있는 건 아니야?'라는 생각이 불처럼 번질 때, 기본 지식을 바탕으로 한 소신이 그 불을 꺼 준답니다. 아이의 모든 행동에는 이유가 있음을 알게 되고, 어느 정도 예측이 가능해지거든요. 저도 아이를 키우는 것이 생각보다 어렵지 않구나 느끼게 되었는데, 그 이유는 '이 아이는 원래 지금 이럴 수밖에 없는 시기'라는 것을 다양한 책과 강의를 통해 공부했기 때문이었습니다. 지금껏 공부해 온 내용을 평범한 '엄마 사람', '아빠 사람'이 기억하기 쉽게 정리해 보겠습니다.

일단 뇌 발달의 특징을 이해하는 것이 중요합니다. 신의진 소아 정신과 교수에 따르면, 영유아기의 뇌는 다음의 3가지 특징을 갖고 있습니다. 첫째, 세 돌 이전까지 뇌의 기능과 구조가 빠르게 변한다는 것, 둘째, 신경망 가지치기를 하기 때문에 주변 환경과의 상호 작용이 중요하다는 것, 셋째, 뇌는 순차적으로 발달한다는 것입니다. 처음 태어난 아이의 뇌는 350그램으로 성인 뇌의 1/4 수준이지만 생후 1년 만에 1,000그램에 도달할 정도로 급격하게 발달하지요. 단순히 크기만 커지는 것이 아니라 다양한 자극을 통해 신경 세포(뉴런)들이 조직적으로 짜임새를 갖춰 갑니다. 이 신경 세포들의 연결망이 바로 시냅스인데, 마치 정보 전달을 주고받는 다리 역할을 한다고 보시면 돼요. 그래서 부모가 어떤 자극을 주느냐에 따라 그 모양과 기능을 재빠르게 바꿀 수 있는 아이의 뇌는 부지런히 신경 세포끼리 서로 손을 맞잡는 겁니다. 다만 이때 무작위로 수많은 자극을 주어서는 안 됩니다. 그 이유가 바로 마지막 포인트, 순서에 맞게 발달하는 뇌의 특징 때문이에요. 너무 이른 나이부터 문자 교육을 시작해도 그 효과가 미미한 이유가 이해되는 순간입니다.

그렇다면 아이의 유연한 뇌가 어떤 순서로 발달하는지 살펴보겠습니다. 인간의 뇌는 먹고, 자고, 울고, 숨쉬고, 체온을 조절하는 자율 신경계를 담당하는 생명의 뇌를 시작으로 전두엽과 측두엽, 후두엽, 즉, 생명의 뇌를 기준으로 위쪽과 앞쪽으로 발달해 갑니다. 그중 0~3세는 가장 폭발적인 뇌 발달이 일어나는 결정적인 시기로써 뇌 전체를 고르게 자극해 주는 다양한 경험, 특히 오감의 고른 자극이 필요합니다.

그렇다면 이 시기 두뇌 확장을 위해 어떤 자극을 주면 되는지 궁금하실 거예요. 정답은 주 양육자와의 애착 형성과 상호 작용을 통한 정서 교감입니다. 0~3세 아이들에게는 부모의 스킨십과 즉각적인 욕구 해결만큼 중요한 것이 없습니다. 3세 무렵이면 성인의 두뇌와 엇비슷해지는데 이때 엄마와 아빠가 아기와 눈을 맞추며 말을 건네는 것은 정서 발달에 중요한 상호 작용 활동이 되며, 여기에 다정한 목소리, 상냥한 표정, 따스한 손길 등이 더해지면 안정적인 애착을 형성하게 됩니다. 제가 아이에게 신생아 시기부터 제일 잘한 것을 꼽으라면, 수시로 말을 걸고, 그때마다 아이를 쓰다듬고 만지고 반드시 눈맞춤을 했으며, 옹알이에 아주 열렬한 팬이 된 것처럼 반응을 했던 것이에요. 갓 태어난 아이와 할 수 있는 말은 한계가 있기 때문에 수천 번의 "그랬어요~?", "그랬구나~"를 시전했답니다. 입에 거미줄을 치는 것만 같았던 그 시기, 마치 이야기 잘 들어주는 친구 하나 옆에 둔 셈 치고 말을 걸었던 것이 단단한 애착 형성을 도왔을 뿐만 아니라 한국어와 영어를 모두 자연스럽게 인식하는데 큰 도움이 되었습니다.

이렇듯 아이의 모국어 발달과 영어 습득의 차원에서 상호 작용의 중요성은 수많은 육아서에서 밝혀진 바 있습니다. 아이의 미숙한 청각은 두뇌가 발달하면서 엄마, 아빠가 계속해서 들려주는 영어 소리를 유의미하게 받아들이게 되는데, 이는 상호 작용이 단순히 아이의 청각만을 자극하는 것이 아니기 때문입니다. 라디오에서 mommy, daddy를 수천 번 들려주면 아이가 듣고 따라할 수는 있지만 단어와 실제 대상을 연결할 수는 없습니다. 오직 상호 작용을 통해서 청각 이외의 다른 감각 기관과 결합될 때, 아이는 해당 언어에 의미를 부여할 수 있습니다. 왜 0~3세

시기에 청각, 시각, 미각, 후각, 촉각을 모두 동원하여 자극을 주는 것이 고른 두뇌 발달을 비롯하여 유의미한 소리 노출과 언어 습득을 촉진하는지 연결 고리가 확실해지는 순간이지요.

그렇다면 만 4~7세의 뇌 발달은 또 어떤 모습일까요? 이 시기의 또 다른 이름이 있는데, 부모라면 공감 백만 배 하실 거예요. 바로 사춘기 프리퀄! 즉, 예고편입니다. 김붕년 소아 정신과 교수의 말을 빌리면, 만 4~7세는 모든 발달의 핵심이 되는 '조절 능력 발달'이 핵심이 되는 시기로 인지적 발달, 사회 기술 발달, 정서적 발달, 협동 능력 발달 등이 모두 폭발적으로 이루어지지요. 실제로 이 시기의 뇌 발달을 관찰해 보면 뉴런의 활동이 3세에 비해 약 120퍼센트나 증가한다고 합니다. 이 시기 이루어져야 할 발달 과업들이 제대로 이루어져야 신체적 발달과 정서적 변화를 겪는 청소년 시기를 보다 잘 맞이할 수 있겠지요.

제 아이와 또래 친구들을 보아도 3세 다르고 4세 다르더군요. 유치원 생활을 시작하며 증가하는 활동성과 대인 관계만 봐도 그렇습니다. 이 시기 아이들은 가만히 있기 어렵고 활발히 뛰어다니며, 상상 놀이를 즐기며 자신만의 판타지 세계를 그려가거든요. 부모의 눈에는 보이지 않는 유니콘이 나무 위에서 날고 있고, 역시나 보이지 않는 빌런과 사투를 벌이며 허공에서 씨름하지요. 즉, 언어와 몸으로 표현하고자 하는 욕구가 강한 시기예요. '우리 집 아이는 아무래도 망아지 유전자가 흐르나 봐요'라 생각하셨다면, 그 생각은 고이 접으셔도 되겠습니다. 수많은 뇌 발달 전문가, 소아 정신과 교수님들 가라사대, 이 시기 뇌 발달 방향이 그리 흐른다 하였습니다. 천만다행이지요?

    부모가 시키지 않아도 알아서 놀이를 찾고 만들고 표현하는 아이들이기에 이 시기 부모표 영어 접근법 또한 신중히 살펴봐야 합니다. 몸이 "우리 뛰어놀자!" 외치고 있는데, 억지로 앉혀서 학습을 시키는 것을 주의해야 하는 이유가 여기 있습니다. 물론 개중에는 인지 발달이 빨라서 학습적인 분위기를 잘 따라오는 아이들도 있습니다만, 그 아이가 내 아이라는 보장이 없지요. 즉, 놀이를 통한 배움, 그리고 그 안에서 쌓아가는 성공 경험을 통해 자신에 대한 긍정적인 자아감을 빚어가는 것이 이 시기에는 더욱 중요합니다. 아이들은 주로 놀이를 통해서 주변 사람들과 관계를 맺고 자신의 감정과 행동을 조절하는 능력을 발달시키는데 이때 만들어진 조절 능력이 추후 학령기 학습을 위한 기초 체력이 되는 셈입니다. 그래서 넛지영어에서는 놀이를 강조합니다. 3부에서 영유아 시기 즐겨하는 블록 놀이, 클레이 놀이, 역할 놀이 그리고 놀이의 꽃, 놀이터 표현들을 소개해 드리는 이유이지요. 그냥 단순히 '놀이 방법' 안내가 아닌, 이 시기 자기 조절 능력과 공감 능력의 씨앗이 될 표현을 맛볼 수 있을 거예요.

영어는 정복할 산이 아니라
묵묵히 걸어가는 사막

영어에 접근하는 마인드에는 두 가지가 있습니다. 영어를 정복해야 할 산으로 볼 것이냐, 아니면 묵묵히 걸어가야 하는 사막으로 볼 것이냐의 차이입니다. 먼저 여러분이 등반가가 되었다고 상상해 보세요. 에베레스트산 정상에 다다르기 위해 우리는 세부 계획을 꼼꼼히 세우고 언제, 어디까지 등반한다는 목표를 세워야 합니다. 그리고 그것을 달성하기 위해 자잘한 해야 할 일 리스트(to-do list)를 만들고 체크하지요. 이전에 산을 타 본 경험 또한 결과를 좌지우지하고요. 즉, 타기 전 장비와 몸을 준비하고, 무엇을 얼마나, 어떻게 할 것인가 계획하고, 이전의 경험을 되살려 등반을 성공시키고자 합니다. 영어도 이렇게 접근하는 경우가 많습니다. 그런데 여기에는 부작용이 있답니다. 방향

성은 좋으나 '몇 세까지는 이것을 해내야 한다'라는 엄격한 기준을 아이에게 들이밀게 된다는 심각한 부작용이지요. 분명 아이를 위해 좋은 마음으로 시작했는데 '너는 왜 아직도……'가 목구멍을 타고 넘어오든가, 아니면 눈빛 레이저로 아이 마음에 상처를 입히고 말아요. 그럴 때는 영어를 사막을 건너는 여정으로 바라보시기 바랍니다.

사막 여행을 떠올리면 어떤가요? 예측 불능입니다. 지도에도 나와 있지 않은 모래 언덕을 헤치고 나아가야 하며, 꼼꼼히 준비한 계획이 아무 쓸모가 없어질 수도 있습니다. 그래서 사막 여행에 필요한 것은 지도가 아니라 나침반입니다. 영어에서는 바로 이 나침반이 우리 아이가 됩니다. 부모가 어느 방향으로 가면 좋을지는 내 아이를 살피면 나오기 마련입니다. 영어라는 산의 단기 정복을 목표로 해서 '4세까지는 이만큼 올라와야 해', '8세에는 이 정도는 읽어야지'와 같은 목표를 체크하고 아이를 달달 볶는 것이 아니라, '아, 지금 우리 아이는 이런 주제에 관심이 많구나. 관련된 책을 사 줘야겠다', '이런 주제의 유튜브 영상을 보여 주면 좋겠네' 하며 나침반의 세밀한 바늘 끝 움직임을 따라가야 합니다.

한동안 길을 잘 가는 듯하다가 다시 길을 잃은 듯한 방황과 불안감 또한 마치 부록처럼 딸려 오는 여정의 일부입니다. 그 점을 마음에 두고 있다면 종종 길을 잃어도 스스로 다시 방향을 찾을 수 있고, 오도 가도 못하는 상황에 처했다가도 다시 빠져나올 수 있어요. 큰 그림을 그리는 지도를 손에 쥐고 있되, 언제나 나침반의 바늘이 내 아이임을 기억하세요. 우리 아이에게 시선을 고정하는 순간, 영어를 향한 여정 그 자체에 중점을 둘 수 있습니다.

이 책을 손에 드신 분들 중에는 미취학 자녀를 두신 분들이 많으리라 생각합니다. 초등학교 저학년 부모일 수도 있습니다. 암기 등의 학습이 필요한 입시 영어를 준비하는 것이 아니라 영어의 자연스러운 노출과 습득에 더 많은 힘을 쏟아부을 수 있는, 그리고 그래야만 하는 시기의 자녀를 둔 부모라면 넛지영어에서 심어 드리고자 하는 긍정 육아의 가치관, 영어가 모국어보다 더 대단한 그 무언가가 아니라 일상에서 자연스럽게 쓰이고 있는 언어임을 인지하는 자세, 그리고 이를 통해 다정하고 단단한 기초 생활 태도를 잡고 내적 동기를 불러일으켜 줄 영어 표현들을 자신의 것으로 만들어 보시기 바랍니다. 아이의 나침반이 늘 북쪽을 향하도록 도와드릴 거예요.

영역별 영어 환경,
이렇게 만들어 주세요

영어라는 긴 마라톤에서 나와 아이를 들여다보는 시간 다음으로 중요한 기본 요건은 꾸준함입니다. 그리고 내가 왜 부모표 영어를 하고자 하는지 그 이유가 명확해야 합니다. 가고자 하는 길에 대한 이해와 동기가 확실하다면 덜 불안할 뿐만 아니라 가끔씩 흔들릴지언정, 쏟아지는 정보의 홍수 속에서 더 나은 선택을 할 수 있어요.

하루 한마디를 건네고 영어 그림책을 읽어 주고, 영상을 노출하는 것은 결국 아이의 듣기, 말하기, 읽기, 쓰기를 골고루 키워 주기 위함이지요. 본격적인 영역별 환경 조성과 마음가짐에 대해 나누기 전에 아직 인지 발달이 이루어지지 않은 2~3세 아이들에게 쓰기와 읽기를 강요해서는 안 된다는 것, 말하기는 아이의 기질을 많이 탈 뿐만 아니라 오래 걸리는 아웃풋 중 하나라는 것, 쓰기는 문자 쓰기가 먼저가 아니라 유아의 기초 문해력 발달에 대한 이해가 선행되어야 한다는 것을 짚고 가겠습니다. 아이가 내적 동기에 의해 스스로 움직이는 시스템을 만들기 위해 꼭 필요한 두 가지, 영어 긍정감과 영어 정서를 해치지 않고 부모표 영어 환경을 만들어 볼게요.

일신우일신(日新又日新)이라는 한자 성어가 있습니다. 날마다 새로워진다는 뜻인데, '매일 영어 문장 한 개씩만 외워 건네자', '매일 자기 전 한 권만 읽어 주자'의 자세와 딱 들어맞습니다. 한 마디라도 일 년 내내 하면 365마디이고, 하루 한 권이라도 일 년이라는 시간이 쌓이면 365권이 됩니다. 우리가 그토록 바라는 '아웃풋'은 유연한 뚝심을 가지고 정돈된 환경을 정비해 나가는 과정 중에 선물처럼 찾아옵니다.

듣기

영유아의 영어는 뒤돌아볼 것 없이 귀에서 시작합니다. 차고 넘치는 인풋을 주어야 한다는 이야기는 이미 차고 넘치게 들어 보셨을 테지요. 그런데, 다소 진부한 이 말이 학습이 아닌 습득을 위한 유일한 답이랍니다. 충분한 소리 노출로 소리와 의미간의 연결 고리가 만들어졌을 때, 이를 바탕으로 아이는 자신의 생각을 베틀에 엮어 읽고, 쓰고, 말할 수 있게 됩니다. 즉, 영어가 하나의 '언어'로 자리를 잡으려면 먼저 '들려야' 하고 '뚫려야' 합니다. 모국어도 많이 듣고, 많이 읽고, 많이 말해 보며 사고하는 과정 안에서 자라는 것과 같지요.

이를 위해 다음 3가지를 가이드라인으로 추천합니다.

첫째, 하루 1시간 이상의 영어 소리 노출 시간을 확보합니다.

영어 듣기는 하루 20~30분 영어 소리 노출로는 충분하지 않습니다. 들어오는 물리적인 양과 투자하는 시간이 적으면 당연히 쌓이는 것도 적을 수밖에 없겠지요. 영어 듣기에 있어서 복리의 마법은 통하지 않아요. 일단 하루 1시간을 어떻게 채울지 막막하신 분들도 계실 테지만 생각보다 어렵지 않답니다. 영어 노래, 책의 음원, 그리고 영상을 활용해 주세요. 다만 시간 때우기용으로 하루 종일 틀어 놓는 것은 무의미한 소음에 불과합니다. 마냥 노래나 책 음원을 틀어둔다고 유의미한 소리 노출도 아닙니다. 뭐라도 얻어걸리겠지, 들리겠지 하는 마음으로 틀어만 두면 소용이 없습니다. 1차적으로 부모와의 상호 작용이 이루어졌던 책과 노래여야 이 소리 노출이 의미 있어집니다. 아이의 언어 발달은 무조건 상호 작용을 통해 일어나기 때문이지요.

상호 작용, 참 지겨울 정도로 반복되는 네 글자입니다. 그러니 이제부터는 아이에게 영어 노래를 들려줄 때, 한석봉 어머니에 빙의하여 '너는 노래를 듣거라, 나는 떡을 썰겠다' 하고 끝을 내는 게 아니라 아이와 같이 신나게 부르고, 엉덩이도 씰룩거리고, 손 잡고 빙글빙글 돌며 신체적 상호 작용을 곁들여 주세요. 책 읽어 주는 것도 마찬가지입니다. CD로 들려주고 땡! 하지 마시고 한 단어, 한 문장짜리 책부터 아이를 품 안에 넣고 가만가만 엄마, 아빠의 목소리로 들려주세요. 영상은 재미있어 보이는 장면에서 같이 웃거나 놀라는 리액션 정도로 충분합니다.

아직 아이가 너무 어려서 영상을 노출하지 않는 경우는 어떻게 노출량을 채울지 걱정되시나요? 넛지영어 존재의 이유가 여기 있지요. 부모와의 쌍방향 의사소통으로 정서 교감과 애착 형성이 그 무엇보다 중요한 시기에는 부모의 한마디가 더욱 빛을 발한답니다. 그래서 엄마, 아빠가 하루 최소 한두 문장에서 열 문장 내외의 넛지영어로 말걸기를 두 번째 노출 방법으로 권합니다.

영어 말하기는 운동과 같아요. 처음에는 정말 가벼운 것도 들기 힘들고, 경사도 0의 트레드밀에서 빠르게 걷는 것조차 숨 찹니다. 하지만 시간이 지나며 운동량이 쌓이면 몸은 점점 더 강도 있는 운동을 위해 준비되고 다듬어집니다. 영어도 마찬가지예요. 처음에는 "굿모닝"도 잘 안 나옵니다. 모두 아는 단어들로 이루어진 표현이지만 입으로 내뱉는 것은 차원이 다른 이야기입니다. 그러니 더더욱 아침 인사 "굿모닝!", "모닝!"부터 시작해 주세요. 부모가 영어를 잘해야지만 할 수 있는 영어 말 걸기가 아니라, 내가 할 수 있는 선의 문장만 골라서 건네는 가운데 아이에게 영어란 상호 작용을 위한 도구이자 일상에서 자연스럽게 녹아들어 쓰이는 말이라는 인식이 심어집니다. 또한 영어를 익히는 과정이 아이 혼자 걸어가는 여정이 아니라 부모가 함께한다는 정서적 지원의 약속입니다.

마지막 세 번째는 바로 하루 최소 1~3권 영어책 읽어 주기입니다. 물론, 영어 말 걸기도, 책 읽어 주기도 다다익선임은 자명하지만, 이 또한 부모가 시간적, 체력적으로 힘든 상황에서 억지로 끌고나가는 경우, 오히려 독이 될 수 있습니다. 잠자기 전 1권을 시작으로 아이를 살펴가며 늘려 가시기 바랍니다. 간혹 읽어 주는 것과 별개로 영어책과 우리말 책의 비율에 대해서 묻는 경우가 있습니다. 저의 경우, 초기에는 영어책의 비중이 더 높았습니다. 모국어 노출은 저와 가족, 기관을 통해 차고 넘치게 주어지는 상황이기에, 다양한 책을 통한 영어 노출 환경 만들기에 힘썼습니다. 품 안에서 가만히 들어줄 수 있는 시기에 정말 많은 책을 읽어 주었고, 세상에 대한 호기심이 폭발하며 책과 잠시 거리를 둘 때도 책장에서 신나게 꺼내 던지는 책들이 대부분 영어

책이 되도록 했습니다. 손닿는 곳에 영어책의 비중이 높아야 아이가 조금이라도 더 영어책에 손을 뻗습니다. 물론, 한국어, 영어 구분 없이 아이가 가지고 오는 대로 읽어 주고, 부모 손이 닿는 대로 읽어 주는 것은 디폴트로 장착해 주세요.

영어 노출이 적은 상태의 아이가 한글책을 선호하는 경우, 책이 아니라 먼저 아이의 마음을 읽어 주는 것이 필요합니다. 가장 중요한 것은 '아이가 영어책을 거부할 수 있으며, 그래도 괜찮다'라고 인정하는 거예요. 더 어린 시절부터 영어 소리 노출량이 많았던 것이 아니라면 아이 입장에서는 얼마나 힘들겠어요. 그야말로 "진풍갼풍 깐따라비야" 같은 소리일 겁니다. '그럴 수 있지, 엄마, 아빠도 그 마음을 알아'라는 마인드를 장착하시고 아이의 관심사를 저격하는 책을 소개하거나, 서점에 가서 아이가 직접 고르게 하세요. 심하게 거부한다면 정말 쿨하게 "그렇구나. 정말 읽기 싫구나. 엄마, 아빠는 이거 재미있어 보이니 읽어보려고" 하면서 부모님이 읽으세요. 그러면 어느 날, "엄마가 읽는 그 책 뭐야?" 하고 곁에 쏙 붙는 아이를 만날 수 있습니다. 하루 1~3권을 읽어 주겠다고 멱살 캐리하는 리딩이 되어서는 안 됩니다. 모국어가 많이 발달된 아이가 처음으로 영어 노출을 하거나, 영어를 하다말다 간만 보아 왔던 경우일수록 더더욱 세심하게 정서를 살펴 주세요.

넛지영어

말하기

발화 아웃풋에 대한 기대치가 엄청난 대한민국의 교육 환경에서 안타깝게도 말하기는 가장 환경적인 제약을 받는 영역입니다. 듣기가 쌓였다고 스위치가 탁 켜지듯 발화 아웃풋으로 나오지 않아요. 이 더딘 말하기 발달 때문에 답답하고 실망하고 괜히 지금껏 열심히 잘 따라온 아이를 들들 볶을까 말까 하며 고민하는 소리가 여기저기서 터져 나옵니다.

부모 입장에서는 너무 당연한 고민이지만, 아이 입장에서는 잘 안 나오는 것이 너무 자연스러운 일입니다. 우리나라에서는 꼭 영어로 말해야만 하는 상황이 없기 때문이에요. 많은 부모님들이 영어 유치원을 선택하는 이유이지요. 그러나 영어 유치원은 유일한 솔루션이 될 수 없고, 유일한 솔루션도 아닙니다. 말하기는 아이의 기질을 매우 타는 영역이기 때문이지요. 영어 유치원에 가서 말 한마디도 안 하고 오는 아이가 내 아이 이야기일 수 있다는 겁니다.

틀리는 것에 주저함이 없는 아이, 적극적이고 나서기 좋아하는 아이들은 말하기 아웃풋이 빨리 나올 가능성이 높습니다. 반대로 완벽주의 성향의 아이, 주목 받기 싫어하는 아이, 말하는 것 자체를 즐기지 않는 아이들은 인풋이 충분해도 아웃풋으로 꺼내는 데 시간이 걸립니다. 후자의 경우는 특별히 '편안한 환경 조성'을 통한 말하기 연습 기회를 주어야 합니다. 우리도 가끔 심하게 긴장하면 우리말도 버벅거리잖아요?

그런데도 우리는 이제 겨우 2~3년 영어 노출했는데, 왜 아는 것도 말로 꺼내지 않는지, 왜 인스타그램 속 또래 친구처럼 영어를 하지 못하는 건지 불안해 합니다. 한국어 발화가 평균보다 조금 더딘 경우 "때가 되면 다 하더라"라는 말을 주저 없이 건네면서, 영어에 있어서는 유독 인심도 인내심도 믿음도 박합니다. 우리 사회의 과열된 경쟁과 교육 분위기도 한 몫을 할 테지요.

10세까지는 아웃풋보다 부모에게서 출발하는 인풋이 중요한 시기입니다. 그저 좀 외워서 '영어로 말할 줄 아는 기계'를 만드는 것이 아니라 '자기 주도적으로 표현할 줄 아는데, 그걸 영어로도 할 줄 아는 아이'로 키우려면 눈을 반쯤 감는 게 오히려 낫습니다. 내 안의 불안이 고개를 내밀 때마다 내 아이가 잘하는 것 10가지를 찾아 적어 보세요. "우리 아이가 Hello 하나는 기가 막히게 잘하지", "매번 b랑 d랑 헷갈려서 dog가 bog가 되더니 이제 구별하는 관찰력이 자랐네!" 하면서요.

말하기 환경을 조성할 때 꼭 필요한 또 하나의 스킬은 아이의 아웃풋 여부를 '말하기' 하나에만 국한하지 않는 너른 안목입니다. '말하기=완벽한 문장을 구사하는 일'로 올인하지 말자는 것이지요. 영유아 시기는 한국어도 매끄럽게 말하는 것 자체가 어려운 시기입니다. 엄마, 아빠의 쉬운 영어 한마디에 아이가 보여 주는 눈짓, 손짓, 몸짓 반응부터 '말하기'의 시작점으로 보면, 우리 아이가 얼마나 많은 것을 흡수하며 성장하는 중인지 알게 되지요. 말하기 실력을 키워 주기 위해서는 많이 듣고, 읽은 표현이 아이 안에 자리 잡을 수 있도록, 그래서 아이만의 때에 자연스럽게 나올 수 있도록 지속적인 '듣기' 노출을 해 주세요. 앞서 말씀 드렸던 영어로 말 걸어 주기, 영어 노래 듣기, 책 음원 듣기, 책 읽기, 영어 영상 시청하기 등이 있습니다.

너무 중요한 이야기라 다시 한 번만 강조할게요. 아이 기질을 먼저 살피어 편안한 환경을 조성해서 심리적 장벽을 낮추어 주세요. 이 편안한 환경이란 불안도가 낮은 환경, 즉, 자신에게 가장 익숙한 곳인 집이 됩니다. 심신이 가장 말랑한 상태로 있을 수 있는 집에서 사랑하는 부모와 한두 마디 주고받는 연습을 통해 자신감의 벽돌을 쌓아나갈 수 있습니다. 3부에서 알려 드릴 넛지영어 표현들을 일상 속에서 들려주시고, 영어 그림책과 영상을 통해 다양한 표현들을 만날 수 있도록 해 주세요.

끝으로, 차고 넘치는 인풋을 주고 있다면 믿고 기다려 주세요. 그러면 아이는 자신의 때에 아웃풋을 낼 수 있게 됩니다. 그리고 이 자리를 빌어 고백하지만 저도 이 말하기에 대한 기대가 제일 컸던 사람이었어요. 한국어로도 말하고 싶지 않으면 입을 꾹 닫는 아이이거늘, 영어로 말하는 것 또한 못하는 게 아니라 안 하고 싶은 아이를 내 입맛대로 끌고 가고 싶었던 마음을 내려놓는 것이 가장 힘들었답니다. '엄마 눈에 보이게', '엄마 귀에 들리게' 해 주기를 바랐던 그 욕심을 내려놓은 순간, 아이는 이미 자신의 기질과 성향에 맞추어, 가장 마음 편한 상태일 때 영어로 말하고 스스로 글씨를 쓰고 책을 찾아 읽고 있었음이 비로소 눈에 들어오게 되었습니다.

읽기

충분한 영어 듣기가 이루어지고, 간단한 영어 말하기를 시작했다면 아이는 알파벳을 배우기 시작할 수 있습니다. '앞서 아이의 뇌 발달 파트에서 만 4~7세는 놀이로 배워야 하니 앉혀 놓고 학습지 들어가지 말라고 하지 않았느냐'며 고개를 갸우뚱하셨나요? 네, 배워도 좋습니다. 특히 충분한 노출이 선행되어 문자, 소리, 의미 연결이 가능하고 심지어 문자에 관심을 보이는 아이라면, 천천히 읽기를 시작해도 좋습니다. 다만 '학습'으로 접근하는 것이 아니라 책을 통한 '놀이'로 시작해야 한다는 점이 다르지요. 요즘은 재미있는 영어 그림책이 클릭 한 번이면 집으로 바로 배송이 되는 시대입니다. 생판 모르던 언어를 초등학교 가서 배우는 것이 아니라 가랑비에 옷 젖듯 영어에 스며들 수 있는 시간과 매체가 풍부합니다.

영유아 시기에서 '읽기'란 문장을 수월하게 읽어 내는 것부터가 아니라 알파벳 노출에서 시작합니다. 사실 영어 그림책에 충분히 노출된 아이들은 각 잡고 따로 알파벳을 가르치지 않아도 그간 눈에 얼러걸린 알파벳이 이미지로 각인되어 있어요. 갑자기 파닉스 교재를 꺼내어 읽기를 위한 공부를 시작하는 것이 아니라 '어쩌다 보니 한글을 뗐어요'처럼 영어도 '어쩌다 보니 단어를 읽기 시작하네요'가 될 수 있다는 겁니다. 하지만 영어 그림책을 차고 넘치게 읽어 주는 가운데 알파벳을 인지하는 것은 당연히 시간이 오래 걸립니다. 물론 영어 그림책 1~2년 읽어 주다 말 것이 아니기 때문에 지속해서 쉬운 영어책을 시작으로 매일 읽어 주시되, 다양한 교구와 놀잇감을 활용하여 '문자 놀이'에 날개를 달 수 있습니다.

읽기에 대해 저희 아이 이야기를 잠시 들려 드릴게요. 저는 문자 교육 및 읽기를 빠르게 시작할 생각이 전혀 없었습니다. 하게 된다면 그 시작은 무조건 '아이가 보이는 흥미'에 따라 내용과 속도를 가감하겠노라 혼자 막연히 생각하고 있었어요. 뇌 발달에 대해 공부하면서 보수적인 접근을 취하되, 아이가 하는 가 닥을 보아하니 만 5세쯤부터는 살살 읽기 연습을 시키면 크게 부담이 없겠다 생각하고 있었어요. 그런데 이게 웬걸요. 아이는 저의 예상을 뛰어넘고 훨씬 이른 만 3세부터 문자에 관심을 보이기 시작했습니다. 글자가 보이면 무조건 아무말 대잔치 영어 말하기를 시작하며 읽는 시늉을 하기 시작했어요. 그때 제가 바로 '옳다구나, 넌 지금부터 파닉스다!' 하며 들이밀지 않았겠지요? 그랬다면 지금처럼 언어가 재미있고 즐겁고 자신이 아는 단어가 일본어나 스페인어로는 어떻게 말하는지 궁금해 하는 아이로 자라나지 않았을 거라 확신합니다. 그렇게 '나만의 샬라샬라 읽기 대잔치'를 주구장창 하도록 두었습니다. 그리고 지난 영어 노출 과정을 되짚어 보기 시작했습니다. 어떤 활동을 통해 아이가 '문자'에 관심을 갖게 되었는지 살펴보니, 뒤에 언급한 교구와 놀잇감을 통한 놀이에 그 답이 있었습니다. 물론 놀이 이전에 무릎 독서 시간이 먼저였던 건 당연하겠지요?

아이 영유아 시기, 제가 즐겨 쓰던 방법은 오감 만족형 알파벳 놀이였습니다. 주변에서 쉽게 구할 수 있고 가격이 부담스럽지 않은 플라스틱 영어 교구를 적극 활용했어요. 교구 단품만 활용하는 경우도 있었지만 주로 클레이와 물, 모래, 곡물, 콩, 밀가루, 얼음, 테이프처럼 아이의 촉각과 시각을 자극하는 방법을 적극 활용했습니다.

저 준비물들을 본 순간 얼마나 '저지레 파티'가 벌어졌을지, 엄마들은 그림이 그려졌을 거예요. 저는 마구 더러워져도 좋으니 아이가 '재미'를 느끼기를 바랐습니다. 결코 제가 그런 걸 잘 참는 엄마라서 그런 게 아닙니다. 되레 저는 정리 정돈으로 스트레스 푸는 엄마이거늘……. 그러나 놀 때마다 까르르 터져 나오는 웃음소리와 제법 진지한 눈빛, 튀어나온 입이 증명해 주는 몰입과 집중력……! 그 뒤로는 뒤도 돌아보지 않고 감각적 자극을 통해 재미를 느끼게 해 주기로 했답니다. 여러분께서도 제가 아이와 수없이 반복한 다음 놀이들을 통해 아이디어를 얻으셨으면 좋겠습니다. 교구는 러닝리소스 제품을 활용했습니다.

1. 클레이에 알파벳 찍기

2. 클레이로 알파벳 모양 만들기

3. 콩, 밀가루, 모래 속에 교구 숨기고 찾기

4. 얼음 녹여서 알파벳 찾기

5. 테이프 붙여 놓고 알파벳 구출하기

6. 도토리 교구 안에 매칭되는 알파벳 단어 아이템 넣기

7. 악어 교구로 대문자, 소문자 끼워 맞추고 물장난하기

이런 교구뿐만이 아니라 눈에 보이는 모든 활자 매체를 놀잇감으로 사용했습니다. 영어가 적힌 과자 상자, 요거트 컵, 영어 글자가 프린트된 장난감도 훌륭한 도구가 되어 주었답니다. 이렇게 놀이로 풀어낸 문자 노출과 수많은 책 읽기를 통해 소리와 문자간의 의미 연결이 되면 파닉스로 넘어갈 수 있게 된답니다.

쓰기

영유아 시기, 보다 정확히는 만 4세 이상 아이들에게 완전한 문장으로 일기를 써 내는 수준을 바라는 것은 욕심입니다. 그저 아이가 손의 힘을 키우고 손목의 움직임을 유연하게 하는 것을 배우게 해야 합니다. 일례로 글을 빨리 읽고 쓰며 창의력이 뛰어나기로 유명한 몬테소리 아이들은 영유아 시기 운필력을 키우기 위해 필기구로 선긋기와 모양 따라 그리기를 할 뿐만 아니라, 다양한 도구를 활용해 손목을 유연하게 하는 활동을 하지요. 아이가 자유롭게 끼적이며 재미를 느끼는 가운데 본격적인 쓰기의 토대가 되는 소근육이 발달하고, 뇌와 손의 협응력이 무럭무럭 자라납니다. 이 시기 '쓰기'가 어렵고 재미없다고 느껴지는 가장 큰 이유는 연필을 바로 쥐는 것 자체가 힘들고 힘있게 획을 내려 긋는 데 많은 애를 써야 하기 때문이에요. 그래서 무조건 손에 착 붙는 영유아용 크레용으로 다양한 재료를 활용하여 쓰는 재미를 알려 주는 것으로 시작해야 합니다. 저와 끼적이고 마음껏 그리는 활동을 정말 자주 했던 제 아이는 시키지 않아도 스스로 틈만 나면 문장을 따라 쓰면서 계속 운필력과 문장 구성력을 스트레스 없이 키워 나가고 있습니다. 소근육을 섬세하게 다듬고 쓰기에 지속적으로 흥미를 가질 수 있도록 다음과 같은 방법들을 두루 활용했으니 참고해 보면 좋겠습니다.

1. 모래 글자, 밀가루 글자 따라쓰기
2. 몬테소리 숫자판 손가락으로 따라쓰기
3. Dot to Dot 마커 찍기
4. 다양한 선 모양에 클레이 붙여 보기
5. 책 속의 그림 따라 그리기
6. 알파벳, 동물, 엄마가 그려 준 그림 컬러링하기
7. 스티커와 펜으로 알파벳 꾸미기
8. 책 제목 따라쓰기
9. 원하는 한글 한 단어, 영어 한 단어 쓰기
10. 썼다 지웠다 하는 쓰기 워크북 활용하기

누구도 피해갈 수 없는 시기
"아이가 영어를 거부해요"

아이가 영어를 거부하는 원인은 정말 다양합니다. 우선 아이들은 영어를 떠나 어떤 활동이든 간에 재미가 없거나 이해가 안 되면 집중하지 못해요. 아이에게 수준보다 너무 어려운 영어책이나 영상물을 노출한 적은 없는지, 아이가 싫다고 할 때 어떻게든 시키려고 강요했던 것은 아닌지 돌아봐야 해요. 영어는 무조건 많이 듣고, 보고, 읽어야 한다는 말을 열심히 지켰을 뿐인데 되레 아이와의 관계를 해치고 있는 건 아니었는지 점검해야 합니다. 게다가 기관 생활을 시작한 아이는 모국어 노출 빈도가 상승하기 때문에 더더욱 영어를 거부할 수 있습니다.

그럴 때는 이렇게 발상의 전환을 하시기 바랍니다. '아, 우리 아이 한국어 폭발기네!'라고요. 좋아하는 한국어 책 실컷 읽어 주시고, 간간이 그와 연계될 만한 영어 그림책을 살짝 들이밀어 보고 팽도 당해 보세요. 읽어 주면 너무 고맙고 행복한 일이고, 안 읽어 주면 또 다른 영어 그림책을 찾아 시도해 보면 될 일입니다. 그리고 한 번 거절한 책이 영원히 사장되지만도 않아요. 몇 년 뒤에 찾는 책이 될 수도 있답니다. 가장 최선의 방법은 이런 영어 거부가 심해지기 전 아이가 어릴 때, 부모가 다정하게 어루만지고 사랑의 빔을 눈으로 쏘아 대며 건네는 "굿모닝" 한마디부터 시작해 보는 거예요.

영어 긍정감이 잡혀 있는 아이는 모국어가 우세해지는 시기에 영어 거부가 와도, 한결 수월하게 넘어갈 수 있답니다. 부모에게도 '우리 아이는 영어를 싫어하는 아이가 아니다'라는 믿는 구석이 생겨서 조급함, 조바심 없이 이 시기를 현명하고 여유롭게 지나갈 수 있게 됩니다. 시간을 내 편으로 만들어 한 뼘만 더 너그러워지면 아이를 기다려 줄 수 있게 됩니다. 아이가 보내는 거부의 신호를 '큰일'로 받아들이기보다 아이의 의사를 존중할 수 있는 '기회'이자 나의 유연함을 발휘하는 '시간'으로 삼아 보시기 바랍니다.

일례로 넛지영어를 수강하러 오신 부모님들 중에는 영어 거부가 심한 자녀를 둔 경우가 유독 많았습니다. 영어책 읽기는 언감생심이었지요. 아이들이 충분한 영어 소리 노출이 되어 있지 않은 상태에서 무작정 영어책 읽어 주기에 들어간 경우가 많았습니다. 그래서 넛지영어 속 굿모닝과 특별한 모닝송부터 시작하자고 했어요. 넛지영어에서는 굿모닝이 단순한 굿모닝이 아니랍니다. 아이와의 관계를 다정하고 따뜻하게 만드는 행동이 함께하기 때문이지요. 이 별것 아니지만 큰 힘을 가진 굿모닝을 시발점으로 삼아 아이의 변화를 유도하는 다정하지만 단단한 영어 표현들을 건네기 시작하자 수개월 뒤 "영어하지 마" 소리치던 아이는 "영어책 읽어 주세요" 하며 스스로 영어책을 가져오고, 심지어 리더스를 읽어 내는 수준으로 올라갔답니다. 부디 이 영어 거부기는 한 때일 뿐임을 이해해 주세요. 거부의 원인을 파악하는 것, 그리고 관계를 다시 잡는 사랑 담긴 영어 표현을 한두마디 건네주는 것부터 시작해 보시기 바랍니다.

"선생님 자녀는 영어 거부가 없었겠죠?"

제가 아주 많이 받은 질문입니다.

제 답은 "거부기가 있었지만 없었다"입니다. 영어 소리 노출을 오래했다고 해서, 또는 부모가 영어를 잘한다고 해서 아이의 영어 거부 시기가 마법처럼 비껴가지는 않습니다. 조금 강하게 이야기하면, 영어 거부가 하나도 없는 아이는 없습니다. 다만 거부의 강도가 약하거나 기간이 짧을 수는 있지요.

재미있는 건 이 말을 들은 수강생들의 반응이에요. 제 아이도 영어 거부 시기가 있었다는 말씀을 드리면, 다들 안도의 한숨을 내쉬며 불안함이 한결 사라진다고 하셨어요. 무엇보다 한결 더 편안한 마음과 시선으로 아이를 볼 수 있게 되었다고 합니다. 제가 왜 거부기가 있었지만 없었다라고 말씀드렸는지 그 이유를 차근차근 풀어 드릴게요.

일단 아이의 영어 거부를 슬기롭게 넘기기 위해 영어 거부 자체를 부정적으로 보지 않는 '그럴 수도 있지, 그렇구나~' 자세가 필요합니다. '우리나라 말도 아닌데, 거부할 수도 있다!'라는 생각을 마음에 품을 때 가장 큰 이점은, 불안감에 밥을 주지 않게 된다는 사실입니다. 영어 거부 자체에 대한 불안감보다 어떻게 하면 이 시기를 지혜롭게 넘어갈 수 있을까 실질적인 방법을 고민하게 됩니다.

자주 드리는 말씀인데요, 이제 우리의 관점을 1도만 바꿔 보면 좋겠습니다. 바로 아이의 '영어 거부기'를 '모국어 폭발기'로 바라보는 겁니다. 주로 아이의 영어 거부가 시작되는 시기는 아이의 모국어가 한창 발달하는 시기 또는 기관에 다니기 시작하는 시기와 겹칩니다. 집에서 영어로 소리 노출을 차곡차곡 해 오던 아이도, 엄마, 아빠의 영어를 그렇게 잘 따라 해서 '우리 아이 영어 천재인가?' 싶던 아이도, 만 3세를 지나는 무렵에는 어느 순간 "영어로 말하지 마. 영어 하지 마. 영어책 안 읽을 거야"를 시전해서 부모의 마음을 철렁하게 합니다. 철렁하셔도 됩니다. 저도 그랬습니다.

다만 여기서 '어떡하지, 우리 아이는 영어를 싫어하나 봐. 앞으로도 계속 그러다 뒤처지면 어떡하지?'로 치닫는 패스트 트랙에만 올라타지 않으면 됩니다. '드디어 올 것이 왔구나!' 하며 정신을 무장하고 마음의 결을 가다듬고 "응, 그렇구나. 너는 지금 영어보다 한국어가 재미있구나. 암~ 그럴 수 있지. 읽고 싶은 한국어 책 우리 한번 실컷 읽어 보자!" 하고 한국어 책을 읽어 주는 겁니다. 중간중간 아이의 관심사를 다룬 영어 그림책이나 쉬운 놀이 책 슬쩍 끼워 넣어 보는 간보기는 해 주면서 말이지요. 이럴 때는 아이의 현재 수준보다 조금 더 쉬운 그림책, 팝업 북이나 사운드 북, 슬라이드나 탭이 달린 조작 북 등을 놀이 책으로 추천합니다. 또는 색칠하기나 스티커 북과 같은 액티비티 북을 활용하여 아이가 좋아하는 활동 속에 자연스럽게 영어가 녹아들 수 있도록 도와주세요. 그 어떤 형태의 책도 싫다며 모두 거부한다면, 신나는 노래를 틀고 따라 부르며 춤을 추는 것도 방법입니다.

제 딸의 경우, 위의 방법을 골고루 섞어 주며 극복했는데요, 오늘 먹힌 전법이 내일도 먹힌다는 보장이 없었답니다. 제가 찾은 '만능 간장' 같은 솔루션은 전부 부모의 마인드에 있었습니다. 아이가 제가 고른 책이나 노래를 싫어하면 그 '싫다'는 선택을 존중하는 것. 이렇게 마음먹으니 모든 것이 훨씬 편해졌습니다. 엄마인 제 마음이 편하니, 아이에게 "그래도 좀 읽으라"는 강요를 하지 않을 수 있었고 "지금 안 읽으면 나중에 못 따라가!" 같은 협박성 멘트를 날리지 않을 수 있었어요.

아이가 안 읽겠다고 한다고요? 그 노래 듣기 싫다고 한다고요? 그럼 엄마, 아빠가 철푸덕 앉아서 한 권 재미있게 읽습니다. 노래 끄라고 하면 "이거 엄마, 아빠가 진짜 좋아하는 노래인데 한 곡만 신나게 부르려고" 하고 음악 감상 시간을 마련해 보세요. 왜 영어책을 읽어야 하고 노래를 들어야 하는지 내적 동기가 없는 아이들에게 이유도 모른 채 '그냥 하라'는 접근으로는 거부감의 농도만 진하게 할 뿐입니다. 결국 거부를 극복하는 키워드는 존중과 시간이랍니다. 그 안에 피어나는 부모의 내적 평안은 아이에게도 흘러가기 마련이에요. 이렇게 거부기를 극복한 저희 아이는 이제는 "책 좀 읽어라" 소리를 하지 않아도 스스로 영어책, 한글 책 가리지 않고 철푸덕 주저앉아 읽는 아이로 자랐습니다. 무엇보다 언어를 떠나 책과 긍정적인 관계가 만들어졌다는 것이 부모로서 매우 기쁜 부분이 아닐 수 없습니다.

3부

바로 써먹는
'먹·놀·잠' 육아 영어

Morning Routine

사랑을 듬뿍 담아 잡아가는
기본 생활 습관

① 아침 인사하기

넛지영어의 시작은 아침 인사에서 출발합니다. 세상 쉬운 "Good morning!"부터 시작해요. 우리가 외국인을 처음 만났을 때를 떠올려 보세요. 외국인을 만나면 우리는 "Hello~", "Hi" 하며 인사를 건넵니다. 아이에게도 마찬가지예요. 우리가 매일 할 수 있는 가장 쉬운 말로 아침의 문을 열어 보는 겁니다. 이런 짧고 간단한 표현으로 내 말문이 먼저 트여야 우리 아이에게 영어 노출을 시작할 수 있습니다.

이제부터 '너무 쉬워서 너무 좋잖아!'라는 마인드를 장착하고 반드시 입 밖으로 꺼내서 연습해 보세요. 눈으로 볼 때는 쉽지만 행동으로 옮기는 건 늘 생각보다 어렵습니다. 이것이 바로 아주 쉬운 것부터 시작해야 하는 이유입니다.

자, 그럼 이제 큰 소리로 따라해 볼까요? "Good morning!" 내친김에 이보다 더 간단하고 짧은데 원어민이 즐겨 쓰는 표현을 하나 더 볼까요? 바로 "Morning!"이랍니다.

아이와의 일상을 다루는 내용이기에 아침 인사로 시작하는 것이 당연하지만, 이 파트에서 무엇보다 중요한 것은 아침 첫 3분이 가진 힘이랍니다. 세계적인 신경 과학자이자 심리학자인 자크 판크세프(Jaak Pankepp)의 감정과 뇌의 연결에 관한 연구에 따르면, 아침 3분, 하원 후 또는 부모 퇴근 후 3분, 잠들기 전 3분, 이 9분의 시간이 아이들의 정서적 건강과 발달에 있어 '중요한 순간'이라고 합니다. 넛지영어에서 단순히 "일어나~" 한마디로 끝나는 것이 아니라, 긍정감과 사랑, 안정감을 전달하는 표현과 행동을 꼭 함께하자고 강조하는 이유랍니다.

다음의 여러 영어 표현들을 다 읽으신 후에는 꼭 내 입에 착 붙어서 입 밖으로 꺼내기 쉬운 아침 인사와 애칭을 골라 주세요. 그리고 사랑을 담은 눈빛과 따스한 손길을 함께 건네는, 나만의 아침 인사 패턴을 만들어 보세요. 영어도 중요하지만 부모가 먼저 전달하고 싶은 것은 아이를 사랑하는 그 마음이니까요.

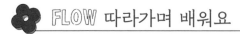

아침 인사 필수 표현

Good morning! 좋은 아침이야.

Morning! 좋은 아침!

Did you sleep well? 잘 잤니?

아침이 조금 더 맛깔나지는 표현

Rise and shine. 일어나렴.

Wakey wakey, sleepyhead. 일어나렴, 잠꾸러기야.

Wakey wakey, egg and bakey. 일어나렴.

The sun is sweeping the shadows out. 아침 해가 밝았네.

엘리쌤의 한마디 위 표현들은 기본 아침 인사에 약간의 양념을 친 표현들입니다. 쉽고 간결하고 소리까지 재미있어서 아이들이 쉽게 따라하고 즐거워하는 표현이기도 하지요. Rise and shine과 wakey wakey, sleepyhead 같은 경우, 영어책은 물론이고 영상에서 빈번하게 만나는 표현이니, 잘 익혀 두셨다가 아침에 다정하게 건네 보세요.

우리 아이 애칭 만들기

Sweetheart, sweetie, cupcake, baby girl, baby boy, beautiful, handsome…… 등

사랑 담은 스킨십 표현하기

Let me give you a kiss. 뽀뽀해 줄게.

Morning hug! 아침 허그~!

Kissy kissy! 뽀뽀 쪽쪽!

Huggy huggy! (안아줄 때) 둥가둥가, 꼬옥~!

Kissy on your toesies! 발가락에도 뽀뽀 쪽!

엘리쌤의 한마디 제가 아침 인사 표현 그 자체보다 더 중요하게 꼽는 스킨십 표현입니다. 기상 후 3분 그 찰나의 순간이 그날 하루의 기분을 정하는 경험을 많이 해 보셨을 거예요. 아이가 주어진 하루를 사랑과 감사로 시작할 수 있도록 다정한 말과 따스한 행동으로 함께 꼭 표현해 보세요. 아이들의 반응이 제일 좋은 파트랍니다.

현실 육아 고증 표현

Mommy(Daddy) is very tired today. 엄마(아빠)가 오늘

많이 피곤하네.

I will be up in a minute. 곧 일어날게.

It's too early. 너무 이른 시간이야.

Back to bed. 다시 침대로 돌아가렴.

Go play with your toys. 가서 장난감 좀 갖고 놀고 있으렴.

 Book & Nudge

넛지영어 아침 인사 영어 표현을 자연스럽게 반복하고, 일상 회화를 더욱 풍성하게 해 줄 다양한 표현들을 만나볼 수 있는 영어 그림책을 소개합니다.

『Llama Llama Wakey-wake』 By Anna Dewdney

'라마라마'는 찰진 라임을 자랑하며 아이들의 많은 사랑을 받고 있는 시리즈랍니다. 이 책은 제목에서 이미 게임 끝났습니다. 아침 인사를 반복해 줄 뿐만 아니라 "Time to~" 패턴을 시작으로 아침에 등원하기까지 모닝 루틴을 쉽고 짧은 문장으로 알려 줍니다. 이 시리즈는 실제로 소리

내어 읽을 때 진가를 발휘합니다. 자연스럽게 리듬을 탈 수 있을 거예요.

문장 맛보기 Brush your teeth and comb your hair. Eat your breakfast.

『Good Morning, World - I Love You So』 By Olivia Herrick

넛지영어 아침 표현에서 제가 담고자 한 것은 아이에 대한 사랑을 전달하는 것이었지요. 여기에 긍정 한 스푼을 더해 아이 삶 속에서 평생 지속될 감사와 자기 돌봄의 습관을 길러 줄 책을 추천합니다. 하루의 시작은 물론이고 어느 때이든 감사할 것은 넘쳐난다는 것을 입에 착 붙는 운율과 세련된 삽화로 보여 준답니다.

문장 맛보기 I love you sunshine. I love you cereal with an extra big spoon.

② 양치하기

오늘 아침, 나만의 아침 인사 패턴을 사랑 담뿍 담아 건네 보셨나요? 안 하셨다면, 지금 잠시 책을 내려놓고 바로 핸드폰에 '아침 인사 건네기' 알람 설정하세요. 우리 아이 전용 아침 인사 멘트를 알람 이름으로 정하면 '어, 내가 무슨 말을 해야 하더라?' 버벅대지 않고 바로 말할 수 있습니다. 이번 장에서는 양치할 때 필요한 표현들을 순서대로 배워 볼 거예요. 단순히 "Let's brush your teeth. Did you brush your teeth?"(양치하자! 양치했니?)를 배우고 끝나는 파트가 아니랍니다.

아이의 발달에 대해 공부한 부모님은 아실 거예요. 아이가 어떤 습관을 형성하고 익히기 위해서는 아이에게 필요한 정보를 조금씩 나누어 제공해야 한다는 사실을요. 조금씩 제공된 정보로 부담 없이 아이가 스스로 시작하고 실험해 볼 수 있는 시공간을 만들어 주기 위함이죠. 부모의 적절한 개입 혹은 넛지를 통해 아이는 작은 성취를 반복적으로 경험할 수 있습니다. 그러다 보면 아이는 점점 스스로 하는 힘을 길러 나갑니다.

아이에게 영어로 넛지를 줄 때도 마찬가지예요. 많은 영어 표현으로 아이를 혼란에 빠트리는 대신, 각 상황에 맞는 정확한 표현, 아이가 소화할 수 있는 의미 있는 영어로 아이가 말을 이해하고 스스로 행동하는 경험을 늘려 주는 것이 중요합니다. 따라서 양치하기의 시작부터 끝까지 모든 과정을 단순 영어 표현 배우기에서 그치지 않고, 아이가 실제로 듣고 익히고 몸으로 배워나가는 리얼 육아 영어 표현으로 업그레이드해 보겠습니다.

또한 양치할 때 꼭 하게 되는 "물지 마! 삼키지 마! 뛰어다니지 마!" 3종 세트가 있지요. 수시로 던지는 "안 돼!"보다 아이의 건강과 안전이 위협되는 순간에만 찔러 넣는 "안 돼!"가 더 강력한 힘을 발휘하기에, 아이의 바른 행동을 유도할 수 있는 부모의 긍정 언어 표현 또한 함께 배워 봐요.

언어 폭발기에 있는 영유아들을 위한 손쉬운 언어 자극 팁 하나 가르쳐 드릴게요. 먼저 양치할 때마다 모국어로 단어를 가르쳐 주듯이 양치와 관련된 사물을 하나씩 짚으며 말해 주세요. 아이가 조금 더 자라면 어떤가요? 자신이 필요한 것을 손가락으로 가리키거나 "이거", "저거" 하며 부모에게 표현합니다. 이럴 때 부모가 정확한 단어를 또박또박 들려주면 쉽고도 완벽한 언어 자극이 됩니다.

Keep those pearly whites shine!

FLOW 따라가며 배워요

언어 자극을 위한 기본 단어와 표현

Toothbrush 칫솔

Toothpaste 치약

Cup 양치 컵

Floss 치실

Here's your+○○. 여기 ○○ 있어.

Do you need your+○○? 너의 ○○ 필요하니?

양치하기 필수 표현

Let's brush your teeth. 양치하자.

Time to brush your teeth. 양치할 시간이야.

Go brush your teeth, sweetheart. 내 사랑, 가서 양치하렴.

양치 전 준비하기

Here's your toothbrush/cup/toothpaste. 여기 네 칫솔/양치 컵/치약이 있어.

Squeeze the toothpaste (on your toothbrush). (칫솔

에) 치약을 짜 보자.

Just a pea-sized amount will do. 치약은 조금만 짜면 돼.

엘리쌤의 한마디 우리는 주로 치약을 짤 때 '쌀알만큼' 짜라고 합니다. 물론 직역해서 "a size of a grain of rice"라고 할 수도 있으나 어떤가요, 입에 어째 잘 붙지 않습니다. 그래서 '콩알만큼'의 양으로 표현하면 "a pea-sized amount"로 입에도 잘 붙습니다. 영미권에서도 흔히 쓰이는 표현이고요. 대체 표현으로 "Use just a tiny bit of toothpaste"(치약 조금만 쓰렴)도 병행해 보시기 바랍니다.

본격 치카치카 챈트

Brush your teeth up and down. 위아래로 치카치카.

Brush your teeth back and forth. 앞뒤로 치카치카.

Brush your teeth round and round. 둥글게 둥글게 치카치카.

Brush your teeth in little circles. 작은 원을 그리며 치카치카.

Brush your teeth side to side. 옆으로도 치카치카.

Don't forget to brush your tongue. 혀 닦기도 잊지 말자.

Swish Swish Swish. 우물우물우물.

Rinse your mouth. 입 안을 헹궈 보자.

Now spit it out! Ptooey! 자, 뱉어 보자! 퉤!

Bye bye sugar (tooth) bugs~. 안녕 충치 벌레~.

Ptooey! 퉤!

양치할 때 꼭 나오는 말 4가지

Stop biting my finger. No biting! (칫솔 대신 내 손을 물고 맛보고 씹을 때) 물지 마.

Walking around is a no-no. (칫솔 물고 돌아다닐 때) 돌아다니지 말자.

Don't run around while brushing your teeth. 양치할 때 뛰어다니면 안 돼.

Don't swallow your toothpaste. 치약 삼키면 안 돼.

엘리쌤의 한마디　무엇을 하지 말라고 할 때, "Don't" 대신 "stop"이나, "동사+ing is a no-no"를 사용하면, 한결 부드러운 어프로치가 가능합니다. 물론 Don't를 쓰면 절대 안 된다는 이야기가 아님을 잘 알고 계시리라 생각합니다. 다만 위험한 상황이나 남에게 피해를 끼치는 행동을 할 때 등 효과적인 훈육이 필요한 경우 말고는 평소에는 부정적인 표현은 좀 아껴 주면 좋겠지요.

좋은 양치 습관을 들이는 일은 아마 모든 부모의 숙제이겠지요. 좋은 습관도 들이고, 영어에 흥미를 갖게 하면서 책이라는 매체까지 좋아하게 만드는 양치 관련 매력적인 책들을 소개합니다.

『Brush Your Teeth, Please』 By Jean Pidgeon

넛지회화 양치하기 파트의 동사와 전치사 표현을 자연스럽게 복습할 수 있는 인기 만점의 팝업 북+조작 북입니다. 아이가 직접 조작해 보는 가운데 영어 소리와 책에 대한 재미라는 두 마리 토끼를 잡을 수 있습니다. 동물 친구들을 직접 양치시켜 주면서 아이 스스로도 양치하고 싶은 마음이 들게 될 지도 모른답니다.

> 문장 맛보기　Bears brush their teeth up and down. Floss, floss, floss.

『Let's Brush Our Teeth!』 By Alexandra Cassel Schwartz

바람직한 어린이의 모습을 통해 자녀의 좋은 행동을 유도

하고자 하는 부모의 사랑을 받는 대니얼 타이거 시리즈! 화장실에 들어가 스스로 양치를 하는 주도적인 모습을 배울 수 있답니다.

문장 맛보기   Grab your toothbrush and come along. Daniel's teeth feel very smooth and clean.

『Tooth』 By Leslie Patricelli

양치 파트이니 '이'와 관련된 책을 소개 안 하고 넘어갈 수 없습니다. 아기의 이가 하나씩 뽕 나면서 침을 줄줄 흘리는 공감 백만 배 내용부터 무엇은 물어도 되고 무엇은 물면 안 되는지 아이 눈높이로 알려 주는 나름 교육적인 내용까지 다루고 있답니다.

문장 맛보기   I got a tooth. Mommy helps me floss. Open wide.

『Why Should I Brush My Teeth?』 Katie Daynes

어스본출판사에서 나온 『Very First Questions and Answers』 시리즈 중 한 권으로 아이는 양치를 왜 해야 하는지, 나이 불문하고 모든 사람이 왜 양치를 해야 하는지, 동물들은 왜 양치할 필요가 없는지 등 다양한 호기심까지 충족시켜 주는 플랩 북입니다.

문장 맛보기 Food and drink then stick to your teeth.

『No Biting』 By Karen Katz

넛지영어 표현에서 배운 "물면 안 돼~!"가 제목으로 바로 나와 있지요. 양치할 때 무는 행동뿐만이 아니라 때리기, 밀기, 치기, 침 뱉기 등 아이들의 대표적인 나쁜 행동을 다루며 이 행동들에 대한 대안을 제시합니다. 육아에도 많은 도움이 되는 책이랍니다.

문장 맛보기 No biting your friends! What can you bite? Apples!

『Teeth Are Not for Biting』 By Elizabeth Verdick

넛지영어에서 배운 표현을 반복하기 딱 좋은 책입니다. 이앓이를 하느라 또는 화가 나거나 슬프고 속상해서 물고 싶은 아이들의 마음을 이해함과 동시에, 대신 취할 수 있는 행동을 상세하게 안내해 주고 있습니다. 이 역시 육아에 도움이 되는 내용이 많아 추천하는 시리즈예요.

문장 맛보기 Ouch! Biting hurts! Use your words. Teeth are for smiling.

③ 세수하기

이번 장에서도 세수를 작은 스텝으로 나누어 단계별 미션 클리어 하듯 배워 볼게요. 우리는 지금까지 대부분의 영어 회화책에서 "Wash your face"(세수하렴)라는 초간단 표현 위주로 배워 왔어요. 하지만 리얼 육아에서는 스스로 세수를 할 수 있을 때까지 언어적, 비언어적 도움을 주며 가르쳐 주어야 합니다. 그리고 이걸 '꾸준히 반복'해야 하고요. 엄마, 아빠에게는 당연한 이 과정이 아이에게는 하나도 당연하지 않은 만큼, 아이가 스스로 할 수 있도록 물 틀기, 물 잠그기부터 비누 거품 내고 수건으로 닦기까지 하나하나 이끌어 줘야 합니다. 또한 세수할 때도 부모가 꼭 알려 주는 "비누 거품 남았어", "따가우니 눈 감고 있어" 등의 리얼 타임 주의 사항 표현까지 배워 볼 수 있습니다.

문장이 길어서 입에 아직 안 붙거나 아이가 많이 어리다면, 대표 동사만 3회씩 반복하셔도 좋답니다.

You've got this!

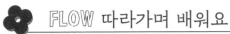

FLOW 따라가며 배워요

세수하기 필수 표현

Let's wash your face. 세수하자.

Let me wash your face. 세수시켜 줄게.

Go wash your face. 가서 세수하렴.

엘리쌤의 한마디 "Go+동사원형"이라는 표현에 혹시 살짝 당황하신 분 계실까요? "이렇게 쓰면 문법이 틀린 거 아닌가요?" 종종 수업에서 받는 질문이랍니다. 우리말에도 '가서 ~ 하다'라는 표현이 있지요? 이와 똑같답니다. "Go eat your breakfast"(가서 아침 먹으렴), "Go have fun!"(가서 재미있게 놀아)처럼 말이지요. 굉장히 간단하면서 내 영어가 한 끗 달라 보이게 만들어 주는 표현이니 꼭 활용해 보세요.

야너두! 세수 할 수 있어! 과정 알려 주기

First, turn on the water. 먼저 물을 틀렴.

Wet your hands and face. 손과 얼굴을 적셔 보자.

Grab the soap and lather it up. 비누 집고, 거품을 내 보자.

Grab the soap and make some bubbles. 비누 집고, 거품 만들어 보자.

Pump the foam. 비누 거품기 눌러 봐.

Wave your hand under the soap. (자동 거품기의 경우) 아래에서 손을 흔들어 봐.

Then gently rub your face. 다음에는 부드럽게 얼굴을 문지르렴.

Cup water in your hands. 손을 동그랗게 오므려서 물을 받자.

Now, rinse off the bubbles. 이제 거품을 씻어 보자.

Pat dry your face (with a towel). (수건으로) 톡톡 두드려 닦으렴.

엘리쌤의 한마디 "얼굴 닦자"를 "Rub your face with a towel"이 아닌 "pat dry"로 표현한 점도 눈여겨봐 주세요. 아이의 피부는 연약하고 예민하거든요. '문지르다'의 'Rub'보다 'Pat dry', '톡톡 두드려 닦자'고 알려 주는 것이 넛지영어식 아이 맞춤형 표현입니다.

맛깔나지는 의성어 표현

Scrub-a-dub-dub 쏙싹쏙싹

Squeaky clean 뽀득뽀득 깨끗한

Splash, splash! Splishy, splashy! (물 끼얹을 때, 튀길 때)
찰박찰박, 첨벙첨벙!

이 말 안 해 본 부모 없을 걸요?

You still got bubbles on your face. 얼굴에 비누 남았어.

Rinse them all off. 싹 다 씻어 내자.

Keep your eyes closed. 눈 뜨지 마.

Keep your eyes shut. 눈 감고 있어.

Your eyes will sting if soap gets in them. 비누가 눈에
들어가면 따가울 거야.

No worries. It's tear-free. 걱정마. 이거 눈 안 따가워.

엘리쌤의 한마디 "따갑지 않게 눈 감고 있으라"는 표현을
"Don't open your eyes" 부정형 대신에 'Keep'을 활용한
표현으로 바꾼 점, 눈여겨봐 주세요. 또 진짜 많이 하게 될
표현 중 하나, 'tear-free!' 요즘 아이들 목욕 용품은 순하
기 때문에 눈이 따갑거나 눈물이 나지 않아요. 그래도 따
가울까 걱정하는 아이에게는 마지막 문장, 쿨하게 날려 주
세요.

④ 아침 식사하기

등원을 하는 아이를 둔 가정이라면 아마 대표적인 모닝 전쟁 루틴은 밥 먹기와 옷 입기일 거예요. 부모의 인내심을 가장 많이 시험하고 내 안에 내적 분노가 이렇게 많았나, 싶어지는 순간이지요. 하지만 하루를 결정짓는 아침 시간, 밥상머리부터 화를 잔뜩 내고, 아이와 나의 기분까지 망친 채로 시작하고 싶은 부모님은 한 분도 없을 거예요. 이럴 때 우리에게는 부모의 인내심을 쭈욱 끌어올리되, 아이가 행동할 수 있는 토대를 만들어 주는 육아 영어가 필요하겠죠? 아이가 왜 그런 행동을 하는지 한 번 더 생각해 본 부모만이 꺼낼 수 있는 다정한 말이 무엇이 있는지 함께 알아봐요.

단순히 "아침 먹자"란 표현 말고도 주는 대로 받아먹는 이유식 시기가 지난 아이에게는 무엇이 먹고 싶은지 의사를 물어볼 수도 있어요. 먹으면서 맛은 어떤지, 식감은 어떤지 물어볼 수도 있습니다. 아니, 아침에 정신없는데 이걸 언제 물어보냐고요? 시간도 내 마음의 여유도 한결 넉넉한 주말 아침에 시도해 보세요. 문장이 아직 버겁다고요? 재미도 잡고 활용도도 쑥 끌어올린 의성어와 의태어, 감탄사 등의 짧고 재미난 표현들도 준비했으니 말랑한 표현부터 하나씩 건네 보세요.

넛지영어

🌸 FLOW 따라가며 배워요

아침 식사 필수 표현

Let's have breakfast. 아침 먹자.

It's time for breakfast. 아침 먹을 시간이야.

What time is it? It's breakfast time. 지금은 무슨 시간?
아침 먹을 시간!

Let's sit in the baby chair. 아기 의자에 앉아 보자.

Come sit at the table. 식탁에 와서 앉으렴.

Enjoy! Dig in! 맛있게 먹으렴.

Are you all done? All done? Are you finished? 다
먹었니?

> **엘리쌤의 한마디** 우리 아이가 현재 아기 의자에 앉는 나이
> 인지, 아니면 부르면 스스로 와서 앉을 수 있는 나이인지
> 아이의 발달 단계에 따라 표현을 달리해 보세요. 어떤 의
> 자에 어떻게 앉느냐에 따라 전치사가 달라지는 것도 재미
> 있어요. 아기 의자는 주로 팔과 몸을 감싸는 타입이니 안
> 에 쏙 들어가지요? 스스로 앉는 경우에는 "의자에 앉아"

니까 "Sit on the chair"보다 식사 시간이니 식탁으로 와서 앉으라는 뉘앙스를 더 살려 주는 "Sit at the table" 표현을 사용해 보시기 바랍니다.

보다 더 풍성해지는 식사 표현

What do you want for breakfast? 아침 뭐 먹고 싶어?

What do you feel like eating? 아침 뭐 먹고 싶어?

I made it just for you. 너를 위해서 만들었지.

Go have a bite. 어서 한 입 먹어 봐.

Try just one spoon. 딱 한 숟갈만 먹어 봐.

How do you like it, yummy? 맛이 어때? 맛있어?

Open your mouth and say ah~ 아~ 해 보세요.

Off we go! (숟가락으로 먹여 줄 때) 출발합니다!

식사 표현에 재미 더하기

Sniff, sniff 킁킁

Crunch, crunch 아삭아삭, 바삭바삭

Nom, nom, nom 냠냠냠

Slurp, slurp 후루룩 후루룩

Hmm~ yum! 흐음~~ 맛있겠다!

Thumbs up! 엄지 척!

Yummy in my tummy! 맛있어요!

밥상머리 예절 1탄

Take a small bite. 조금씩 먹으렴.

Don't stuff too much in. 입에 너무 잔뜩 넣지 마.

Slow down, honey. 천천히 먹자, 아가.

(Make sure you) chew your food. 꼭꼭 씹어 먹으렴.

Practice patience, dear. 아가, 기다릴 줄도 알아야 해. 인내를 배우자.

Elbow off the table. 팔꿈치 내리세요.

Sit up straight, sweetheart. 아가, 똑바로 앉자.

No slouching. 허리 구부정하게 말고 펴렴.

Feet on the floor. 발은 아래로 내리렴.

Let's try to eat a bit quieter. 조금만 조용히 먹어 보자.

Keep your food in your mouth. 입은 다물고 먹는 거야.

Nobody wants to see the mushy goo in your mouth. 네 입안에 있는 (죽같이 으깨진) 음식은 아무도 보고 싶어 하지 않는단다.

저는 식사 예절 교육은 만 3세를 기점으로 시작했어요. 그전까지는 음식을 자유롭게 탐색하며 먹는 즐거움을 주는 것에 집중했습니다. 넛지영어의 밥상머리 예절 표현은 아이로 하여금 자신의 식사 예절을 통제할 수 있는 기회를 제공하여 자립심을 키우고 책임감을 가질 수 있게 합니다.

Book & Nudge

다양한 음식 이름과 식감, 맛, 냄새 등 영어 표현을 확장하기 좋은 책들을 준비했습니다. 책에 따라 숫자 세기, 매너 등 테마에 맞게 영어 노출을 꾀할 수 있어요.

『The Very Hungry Caterpillar Eats Breakfast: A Counting Book』By Eric Carle

영어 그림책으로 부모표 영어를 진행할 때 절대 빠질 수 없는 것이 '에릭 칼'의 책이죠. 배고픈 애벌레 캐릭터와 함께 식사 시간을 알리는 표현부터 1부터 10까지 숫자 세기, 영미권

식문화를 볼 수 있는 메뉴까지 배울 수 있답니다. 다양한 맛과 음식별로 달라지는 정확한 동사 활용을 눈여겨 보세요.

`문장 맛보기` It's time for breakfast. How about some eggs?

『Manners Time』 By Elizabeth Verdick

긍정적이고 건강한 상호 작용을 배우기 위한 기본 표현이 가득한 책입니다. 만나서 하는 첫 인사, 부탁할 때 쓰는 예의 바른 말, 실수 했을 때 하는 표현 등을 배울 수 있을 뿐만 아니라 그 말과 동반되는 행동을 함께 배울 수 있어요.

`문장 맛보기` Hello is how you greet someone. Do a little wave!

『Max's Breakfast』 By Rosemary Wells

귀여운 토끼 남매 맥스와 루비 시리즈 중 한 권으로, 아침 식사로 계란이 먹고 싶지 않은 맥스와 이를 먹이려는 루비의 한바탕 소동이 그려져 있습니다. 바로 활용하기 좋은 표현이 가득하답니다.

`문장 맛보기` No strawberries until the egg goes down, Max. Said Ruby.

⑤ 옷 입기

'옷 입기'는 세수하기와 마찬가지로 아이가 단계별로 배우고 반복하여 자신의 것으로 만들어 나가며 성취감 또한 느낄 수 있는 귀한 시간이에요.

꼭 아침이 아니더라도 좋습니다. 찬찬히 옷 입기를 가르칠 수 있는 시간대를 찾아 도전해 보시기를 바랍니다. 물론 아이가 아직 많이 어리다면 당연히 부모님이 도와주면서 말을 건네주시고요.

옷 입는 방법에 관한 표현은 상의와 하의로 나누어 차근차근 알려 드릴게요. 우리가 이미 우리말로 주구장창 하는 말들, "오른팔 쑤욱~ 왼팔 쑤욱~", "다 입었다, 됐다!" 같은 쉽고 재미난 말들은 영어로 어떻게 하는지 궁금하지 않으세요? 그리고 꾸물거리는 아이에게 건넬 수 있는 "서두르자"는 표현은 또 어떻게 다정하게 건넬 수 있을까요?

중요한 것은 절대 "Let's get dressed! Put your clothes on!"(옷 입자, 옷 입어!) 같은 단순한 한마디로는 아이의 행동 변화를 유도할 수 없다는 사실을 인지하는 거예요. 아이가 수행해야 하는 과업을 쉬운 영어로 시범을 보이며 가르쳐 줄 필요가 있습니다. 그럼 이제 제가 아이를 키우며 발달 과정에 맞게 건넸던 유용한 리얼 육아 영어를 만나러 갑시다.

❀ FLOW 따라가며 배워요

옷 입기 필수 표현

Let's get dressed. 옷 입자.

Put on your clothes. 옷 입으렴.

Go pick your clothes. 가서 옷 고르렴.

Let's get ready from head to toe. 머리부터 발끝까지~ 준비하자.

엘리쌤의 한마디   아이가 어릴 때는 옷을 입을 것이라는 사실을 인지시키는 표현으로 시작하지만, 자아가 생기며 스스로 옷을 고를 수 있는 만 3~4세 이후 아이들에게는 "Go pick your clothes"를 활용해 보세요. 저는 아이가 패션 테러리스트가 될지언정 자신이 스스로 선택하는 주도성, 시기에 맞지 않는 옷을 골랐을 때 오는 결과에 대한 책임을 지는 자세, TPO에 맞는 옷을 선택하는 방법을 직접, 감각적으로 배우기를 바랐어요. 그럴 때 유용하게 썼던 표현이 "가서 옷을 고르라"는 말이었답니다.

4P 동사로 완성하는 상의 입기 How to

4P: Pick/Place/Put/Pull: 집고/놓고/넣고/당기다!

Pick up the shirt by the bottom, like this. 셔츠 아랫부분을 집고, 이렇게.

Place it over your head. 머리 위로 가져오렴.

Put your head through the top hole. 구멍에 머리 집어넣고.

Put your arm into the sleeve. 소매에 팔 집어넣으렴.

Pull the bottom of your shirt over your belly. 배까지 옷 당겨서 내리자.

더 쉽고 짧은 치트 키 표현

Pick up your shirt. 셔츠 집고!

Over your head. 셔츠 머리 위로!

Head through the hole. 머리 구멍에 쏙!

Arms into the sleeves. 팔은 소매로 쏙!

Pull it over your belly. 배까지 당기자.

단추와 지퍼는 이렇게!

Let's button up. 단추 채우자.

Place your thumb on top. 엄지 위로.

Thumb on top. 엄지 위로.

Find the button hole. 단춧구멍 찾아 보자.

Find the mouth. 단춧구멍 찾아 보자.

Now, push and pull. 이제 밀어넣고 당기는 거야.

Zip up your jacket/coat. 재킷/코트 지퍼 올리렴.

Zip it all the way up. 지퍼 끝까지 쭉 올리자.

Done, done! 다했다.

세상 친절한 하의 입기

Put your undies/pants/skirt on. 팬티/바지/스커트 입으렴.

Put one leg/foot at a time. 한 번에 한 다리씩/한 발씩 집어 넣으렴.

Then stand up and pull them over your bottom.
그 다음, 일어서서 엉덩이까지 치켜올리렴.

Well done! 잘했어.

신발은 이렇게!

Pull the Velcro strap snug. 찍찍이 느슨하게 당겨 보렴.

Slide your toes in. 발가락 쏙 밀어넣어 봐.

Stand up and get your toes inside. 일어서서 발가락부터 넣어 봐.

Use your weight. 몸무게를 써서 넣으렴.

Use the pull-tab on the heel. 뒤꿈치 고리를 당겨 보렴.

주문처럼 외워 둘, 공감 100프로 표현들

Check for the tag. 태그 확인하렴.

That's the back. 그게 뒤야.

Your t-shirt is on backwards. 앞뒤 거꾸로 입었네.

It's inside out. 옷 뒤집어 입었어. 안이 밖으로 나왔구나.

There! 자~ 이제 됐다, 다 입었다.

In it goes. 들어간다, 들어간다, 쑤욱~.

All the way up! 위로 쭈욱~.

Looks like your shoes are on the wrong feet. 신발 반대로 신었네.

Let's switch them. 바꿔 신어 보자.

Hurry up! 서두르렴.

No dilly dallying! 꾸물거리지 말자.

No time to lose. 이럴 시간 없어. 얼른 하자.

Chop chop! (박수 짝짝 치며) 얼른 후딱후딱!

Come on, shake a leg. 얼른, 움직이자.

 정말 부모님들의 물개 박수를 많이 받았던 표현들이랍니다. 등원 준비 시간을 그대로 반영한 '서두르렴' 표현들은 특히 많이 쓰게 된다고요. 뿐만 아니라 영유아기 아이들이 흔하게 하는 귀여운 옷 입기 실수들을 바르게 고쳐 줄 수 있는 표현들에 대한 니즈도 많았지요. 대부분 2~3개의 단어들로 이루어진 짧은 문장들이니 눈에 보이는 곳에 써 두고 활용해 보시기 바랍니다.

Book & Nudge

옷 입기 영어 표현, 영어 그림책이나 노래에서는 "Let's get dressed" 또는 "Put on your coat"처럼 짤막하게 표현되는 경우가 대부분이에요. 하지만 하나하나 어떻게 하는지 그 단계별 방법과 옷 입기 전후 과정에 대한 표현을 다루는 재미난 그림책들도 생각보다 많답니다. 넛지영어와 책의 연결 고리를 강화해 보세요.

『Getting Dressed』 By Pauline Oud

아이들의 옷 입기란 계절에 맞게, 상황에 맞게 입는 것을 배우는 것 또한 포함합니다. 이 귀여운 플랩 북은 언제 어떤 옷을 입으면 되는지 알려줌과 동시에, 아이템별 영어 단어도 익히게 도와줘요.

문장 맛보기 The sidewalk is wet. Mika wants to play outside. Which clothes does she wear?

『Jesse Bear, What Will You Wear?』 By Nancy White Carlstrom

1996년도에 나온 사랑스러운 클래식 보드 북이에요. 아기 곰의 옷 입기뿐만이 아니라 하루를 관통하는 일과를 소개하는 책으로 생생한 라임 덕분에 읽는 즐거움, 듣는 즐거움 모두 잡을 수 있습니다. 부드럽고 따뜻한 감성의 일러스트는 보는 즐거움도 선사한답니다.

문장 맛보기 Juice from a pear. And rice in my hair. That's what I'll wear at noon.

『We Can Get Dressed』 By Marion Cocklico

캠벨출판사의 『Big Steps』 시리즈는 시리즈 이름처럼 아이들이 한 발 더 크게 내딛어 성장할 수 있도록 매일의 경험을 통해 그 방법을 알려 줍니다. 플랩을 들춰 보고 돌려 보며 옷 입을 때 필요한 표현, 부모가 많이 건네는 표현을 두루두루 살펴볼 수 있어요.

문장 맛보기   Where should we put our dirty clothes? Try sitting down!

『All by Myself』 By Mercer Mayer

옷 입기뿐만이 아니라 자기 주도성과 독립성 전반을 귀여운 리틀 크리터 이야기로 배워 볼 수 있는 책입니다. "I can~"으로 시작하는 깔끔, 담백한 패턴의 반복으로 자연스러운 말하기 연습까지 되는 건 덤이에요. 1966년부터 영미권에서 사랑을 받는 이유가 있어요.

문장 맛보기   I can button my overalls. I can put on my socks and tie my shoes.

『All by Myself!』 By Aliki

아침에 일어나 옷을 입고 등원하기까지 아이의 활동에 관련된 동사, 그리고 전치사의 세련된 활용으로 자기의 일은 '스스로 하는' 멋진 어린이상을 그려 낸 책이에요. 원어민스러운 영어 감각을 익혀 주기 좋은 세련된 표현이 가득하답니다.

문장 맛보기 Down with the shirt, and snap it all up. Pull up the blue jeans, button and zip.

Afternoon Routine

스스로 행동하는
힘을 기르는 오후 시간

① 하원 인사

오후 루틴은 꼭 하원 시간이 아니더라도 아이를 다시 만나는 순간 쓸 수 있는 활용도 높은 표현으로 열어 보겠습니다. 일단 우리는 아침에 일어나서 사랑 담은 스킨십과 애칭으로 아침 인사를 건넸고, 세수, 양치, 아침밥 먹기까지 최소 영어 한두 마디 정도는 건넸을 거예요. 다시 한 번 강조하지만 부모는 1할의 노력만 하면 됩니다. 내가 건넨 그 한마디에 부모의 자신감과 긍정감, 행복한 정서를 담았다면 충분하답니다. 넛지영어에서 부모의 역할은 상호 작용을 통한 정서적인 안정감을 전달하는 것이 전부이기 때문이지요 그렇다면, 아이와 다시 만나는 시간 또한 그냥 흘려보내기엔 아깝습니다. 아이와 눈 마주치고 사랑과 기쁨을 주고받으며 다시 만나는 시간, 부모의 기쁘고 행복한 감정을 전달하는 말을 해 보는 거예요.

아이가 어린이집이나 유치원 등 기관에서 돌아온 후, 또는 부모님이 퇴근한 후 딱 3분만 할애할게요. 떨어져 있는 동안 어떤 일들이 있었는지, 어떤 감정을 느꼈는지 다정하게 안아 주며 나눠 주세요. 부모가 내어 주는 이 '품'은 언제고 돌아올 수 있는 포근한 보금자리이자 아이가 단단히 뿌리내리고 살아갈 토양이 될 테니까요. 넛지영어는 여기에 딱 맞는 영어 표현 몇 가지만 효율적으로 얹어 주면 되겠습니다.

아이의 하루가 너무 궁금한 부모는 "오늘 하루 어땠어? 재미있었어?"라고 물어요. 일부를 제외하고는 대부분의 아이들이 "좋았어, 나빴어, 괜찮았어" 3종 세트 중 하나이거나 "몰라" 한마디로 끝나요. 이 시기 아이들은 아직 본인이 말하고 싶은 바를 정확히 표현하는 능력이 미숙하기 때문입니다. 그래서 이때는 ❶ 선택지가 있거나 ❷ 단답형으로 대답할 수 있는 말랑하고 쉬운 질문을 해야 해요. 그래야 건네는 부모도, 대답하는 아이도 영어에 대한 부담 없이 접근할 수 있어요.

기본 중의 기본

Sweetheart, I missed you. 내 사랑, 보고 싶었어.

I thought a lot about you today. 엄마(아빠)가 오늘 네 생각 많이 했단다.

Let me take your backpack. 가방 들어 줄게.

조금 더 맛깔나지는 환영 인사

Hey bud, good to see you again. 울 아기, 다시 보니 좋네.

I'm so glad you're home. 어서 와(네가 집에 오니 너무 행복해).

My favorite little one is back home. 어서 와(세상에서 제일 사랑하는 네가 드디어 집에 왔네).

엘리쌤의 한마디 아이를 지칭하는 표현으로 'bud'와 'little one'을 주목해 주세요. Bud는 친구라는 뜻인 'buddy'의 약자랍니다. little one이라는 표현은, 원어민들이 대화에서도 소셜 미디어에서도 많이 사용하는 표현이에요. 줄여서는 'lo'라고 표현하지요. 나중에 학원 등을 다녀왔을 때도 활용해 봄직한 문장들이지요?

행동으로 표현하는 환영 인사

Let's hug. 안아 보자.

Give me a hug. 엄마(아빠) 좀 안아 줄래.

Let's do a 5 second hug. 우리 5초만 안고 있자.

아이가 대답하기 쉬운 질문들

Was everyone there today? 오늘 친구들 다 왔어?

Did you sing any songs today? 오늘은 무슨 노래 불렀어?

How was your lunch? Did you like your lunch? 점심은 맛있었어?

Did you eat Kimchi? 김치 먹었어?

Was it spicy? 매웠니?

한 발짝만 더! 질문들

What made you laugh today? 오늘 재미있었어?(무엇이 널 웃게 했니?)

What was your favorite thing you did at school today? 오늘 한 것 중 무엇이 가장 좋았어?

사실 하원 시간 딱 하나만 다루는 그림책은 드물답니다. 그래서 등원과 기관 생활을 전반적으로 다룬 책들로 범위를 확장 시켜 볼게요.

『Bye-Bye Time』 By Elizabeth Verdick

영어 표현과 육아 전반에 걸쳐 도움이 되는 책입니다. 이 책은 특히 등원할 때 분리 불안을 겪는 아이들을 품에 넣고 읽어 주시면 좋습니다.

문장맛보기 …and cuddle something soft. Snuggle, snuggle. Good-bye isn't forever.

『Llama Llama Misses Mama』 By Anna Dewdney

일어나서 등원까지 모든 활동을 다룰 뿐만 아니라 기관에 적응하기 어려워하는 아이의 행동을 잘 표현했어요.

문장맛보기 It's OK to miss your mama……. she will come right back to you.

② 귀가 후 습관 잡기

이제 아이가 집에 돌아왔으니 다시 기본 생활 습관을 점검해 볼 시간입니다. 영어 표현을 알려 드리면서 자꾸 습관 이야기를 꺼내는 이유는 언어가 삶의 근간을 다지기 때문입니다.

어린이집, 유치원, 학교를 다녀오면 신발과 가방을 제자리에 놓고, 옷을 걸고, 빨래를 빨래 통에 넣어 두는 일. 이런 일상적인 활동들을 규칙적으로 수행하고 유지하는 가운데 아이는 자신의 행동을 조절하고 책임을 질 수 있는 능력을 키웁니다. 목표를 이루는 성취감이 쌓이는 건 보너스입니다. 이렇게 일상에서 매일 하는 활동으로 쌓은 작은 성공의 경험은 '나는 할 수 있는 아이'라는 마음가짐을 갖도록 도와주지요. 아이의 학습 정서에도 긍정적인 영향을 끼칠 것은 자명합니다. 습관 하나만 잘 잡아 두면 다섯 번 할 잔소리를 세 번으로 줄여 주는 효과도 있지요. "엄마가 대체 몇 번을 말해!" 소리의 무한 재생 빈도수가 줄어든답니다. 그래서 넛지영어에서는 그냥 영어 표현이 아니라 '육아 영어 표현'이라고 거듭 강조를 합니다. 부모가 할 수 있는 영어 말하기 노력 딱 1할이 제대로 된 효과를 발휘할 수 있도록 말이지요. 귀가 후 습관 잡기 영어 한마디를 통해서 내 한 몸부터 제대로 책임질 줄 아는, 뿌리부터 단단한 아이를 만들어 주세요.

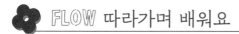
기본 중의 기본

I'm home. 다녀왔습니다.

Welcome home. 어서 오렴.

신발, 가방 벗고 제자리 How to

Let's take off your shoes. 신발 벗자.

First, let's sit down. 먼저 앉아 볼까.

Hold the back of your shoe. 신발 뒷부분을 잡아 보렴.

Then wiggle your foot a little. 그 다음엔 발을 살짝 움짝여 봐.

Try not to touch the bottom of your shoes. 신발 바닥 만지지 않도록 하렴.

Keep your hands off (the bottom of your shoes). 신발 바닥에서 손 떼세요.

Shoes go side by side. 신발은 나란히, 나란히.

Put your shoes next to each other. 신발 가지런히 놓아 두자.

Nice and tidy! 예쁘게 잘 놨네!

Let's take everything out of your backpack. 가방에서 물건 다 꺼내자.

Then let's put it away. 그 다음엔 제자리에 두렴.

엘리쌤의 한마디 신발을 스스로 벗을 줄 아는 아이라면 "Take off your shoes"로 충분하지만 이 또한 하나씩 배워야 하는 여러 과정이 담긴 활동입니다. 스스로 벗기는 벗는데 신발을 던지듯 팽개치고 가는 아이라면? 가지런히 예쁘게 놓자는 표현을 건네 보세요. 포인트는 '엄마가 대신 하지 않는다'입니다. 지금 당장 정리하지 않더라도 괜찮습니다. 나중에 슬며시 다음과 같은 말로 넛지를 주세요. "Sweetie, I think you forgot to do something. Your shoes?"(아가, 뭐 하는 거 까먹은 거 같은데? 신발 정리~?) 이렇게 말이지요.

허물 벗지 말고! 외투 걸기 How to

Let's hang up your coat. 코트 걸어 두자.

Lay your coat down. 코트를 바닥에 눕혀 두렴.

Put the hanger in the center. 옷걸이를 옷 가운데 두고.

Choose a sleeve and slide it on one side. 소매 한 쪽으로 밀어 넣으렴.

Try the other side. 반대편도 그렇게 하고.

Lift the hanger high and hook it on! 옷걸이를 들어올려서 걸면 끝!

새 옷 줄게, 헌 옷 넣어 다오!

Let's change into comfy clothes. 편안한 옷으로 갈아입자.

Throw on your comfy clothes. 편한 옷 입으렴.

Put your dirty clothes in the laundry basket. 더러운 옷은 빨래 통에 넣자꾸나.

Dirty ones? Shoot into the laundry basket. Score! 더러운 옷은? 빨래 통으로 슛! 골인!

시도하는 너를 칭찬해!

You did it. 와, 해냈네!

Way to go! 바로 그거지!

You did it all by yourself. 스스로 해냈구나.

That's my girl/boy. 역시 우리 딸/우리 아들이야.

You know how to take care of yourself. 너는 스스로를

돌볼 줄 아는 아이로구나.

"옷 입기 과업들을 영어로 설명해 주는 게 너무 어려워요~" 하는 분들이라도 스스로 해낸 아이를 기특하게 여겨 주는 칭찬 표현 하나만큼은 꼭 연습해서 건네 보시기를 바랍니다. 아이의 행동을 인정해 주는 한마디의 칭찬은 아이로 하여금 바른 행동을 선택할 수 있는 힘을 키워 줍니다.

③ 화장실 가기 & 손 씻기

습관 만들어 주기에는 부모의 반복적인 가르침이 반드시 필요하지요. 특히 용변을 보고 손을 씻는 일은 아이의 신체적인 발달 또한 고려해야 하기에 시간이 오래 걸립니다. 대신 하루에 반복 횟수 또한 많아 자연스러운 훈련의 장이 마련되지요. 아침에 일어나서 한 번, 외출하고 돌아와서 한 번, 자기 전 한 번만 한다 쳐도 벌써 세 번의 기회가 생깁니다.

이번 표현들이 넛지영어에서 가지는 의미는 매우 큽니다. 만 4세 이하 유아기는 단순히 "쉬 마려워? 화장실 가렴!"으로 끝나지 않습니다. 부모는 아이에게 변기에 바르게 앉아 옷을 내리고, 용변을 보도록 가르쳐 줍니다. 볼일이 끝나면 닦아 주거나 닦는 법을 알려 주고 옷을 다시 입도록 해야 합니다. 스스로 물을 내리는 것까지 하나하나 매번 알려 주어야 하지요. 처음에는 아직 모든 것이 서투른 아이를 부모가 도와주는 게 당연합니다. 아이는 자라며 스스로 시도하며 배우고, 실수를 통해 성장합니다.

양치하기와 세수하기, 옷 입기에 이어 화장실편도 넛지영어에서 세심하게 알려 드리겠습니다.

FLOW 따라가며 배워요

기본 중의 기본

Do you need to go potty? 쉬나 응가 마렵니?

Do you need to use the potty? 화장실 가고 싶어?

Do you need to go? 화장실 가야 되니?

Do you need to go pee pee? 쉬야 마렵니?

Do you need to go poo poo? 응가 마렵니?

엘리쌤의 한마디　　화장실에 간다는 건 내 몸의 찌꺼기를 내보낼 '필요'가 있는 활동입니다. '화장실 가고 싶다'는 말 때문에 우리는 흔히 '원하다'의 'want'를 연상하기 쉽지만 실제로 원어민이 훨씬 많이 쓰는 표현은 'need'입니다. 이 need에는 내가 지금 용변을 보아야 하는 긴박함이 담겨 있기 때문이에요. 화장실은 기본적인 'bathroom' 외에도 아이들 맞춤 표현으로 'potty'를 활용해 볼 수 있어요.

용변보기 Step by step

First, pull your pants/diaper/underwear down. 먼

저 바지/기저귀/속옷을 내려 보자.

Pants/diaper down. 바지/기저귀 내리고~.

Then sit on your potty. 그 다음에 앉아 보렴.

And go ahead. 쉬, 응가하면 돼.

When you are done, call Mommy for help. 다하면 엄마 불러.

I will wipe your bottom. 엉덩이 닦아 줄게.

Now, flush the potty. 이제 변기 물 내리자.

Bye bye, pee pee. 쉬야, 안녕~

Bye bye, poo poo. 응가야, 안녕~

엘리쌤의 한마디 긴 문장이 어려워서 단계별로 접근하고 싶은 부모님이나 아이가 아직 18개월 미만이라면 간단히 "Pee pee? Poo poo?" 하고 짧게 건네주세요. 바지나 스커트 내리고 올리는 것도 더 짧게 해 볼 수 있습니다. "Pants down! Skirt up!"처럼요. 중요한 것은 아이의 화장실에 가고 싶은 느낌과 상황에 영어 소리만 살짝 얹어서 소리와 의미의 연결 고리를 만드는 작업입니다. 긴 문장으로 유창하게 말했느냐 못했느냐는 중요하지 않답니다.

남자 아기는요?

Stand in front of the potty. 변기 앞에 서 보렴.

You see the target in the toilet? 변기 안에 타깃 보이지?

Stand, aim and go! 앞에 서서~ 조준~ 발사!

No splish-splash! 주변에 너무 튀기지 말고.

배변 훈련, 응원의 한마디

Way to go! 잘한다!

Great job! 잘했어요!

Do you feel better? 쉬야(응가)하니까 기분 좋아요?

기저귀 갈기

Let me check your diaper. 기저귀 한번 보자.

You have a wet diaper. 쉬했네.

Is your diaper dirty? 기저귀가 더러워졌나~? 갈아야 하나 볼까?

Let's put a new diaper on. 새 기저귀 입어 보자.

Let's get you all cleaned up. (응가 했을 때 씻어 줄게 의미로) 엉덩이 깨끗하게 씻어 보자.

Let me wipe your bottom. 엉덩이 닦아 줄게.

Let's try the potty next time. 다음에는 변기에 한번 해 보자.

Let me know when you need to go. 마려워지면 말해 줘.

엘리쌤의 한마디   아이의 기저귀를 갈아 줄 때 건네는 이런 한마디가 아이의 영어 친숙도에 도움이 될까요? 네, 됩니다. 꼬물이 시절 아기들의 기저귀를 갈던 횟수를 생각해 보면 답이 나온답니다. '무한 반복'이기 때문이지요. 'Diaper'(기저귀)라는 단어를 반복하여 듣고, 소변에 젖어 축축해진 느낌이 들 때마다 'wet'이라는 표현을 듣고, 부모가 엉덩이를 씻겨 줄 때마다 'wipe'라는 단어를 듣는다면? 감각적인 습득이 가능하지요.

손씻기 Step by step

Now, let's wash up! 이제 깨끗이 손 씻자.

Done flushing? Start washing! 변기 물 내렸으면? 손 씻기 시작!

We need to wash our hands after the potty time. 용변 본 뒤에는 손을 씻어야 해.

Turn on the water. 물 틀어 보자.

Grab the soap and make some bubbles. 비누 잡고 거

품 만들어 보자.

Place your hand under the soap dispenser. 비누 디스펜서 아래 손을 갖다 대렴.

Pump the soap. Just once. 거품기를 눌러 봐. 한 번만이야.

Scrub-a-dub-dub 쏙싹쏙싹

Between your fingers. 손가락 사이사이도.

Back of your hands. 손등도 씻고.

Ok, rinse the bubbles off. 좋아. 거품 씻어 내자.

You've still got some bubbles. 아직 거품이 좀 남았어.

Wash them all off. 전부 씻어 내자.

Towel dry your hands and you're done! 수건으로 손 닦으면 끝!

엘리쌤의 한마디 "Wash your hands"라는 기본 표현이 식상해질 때 미국 만화 영화나 노래에 흔하게 나오는 표현으로 변화구를 던져 봅니다. 바로 "wash up!"입니다. '비누 등을 이용해서 손이나 얼굴을 씻다'라는 뜻이에요. 이런 표현은 짧고 쉽기도 하지만 전치사를 감각적으로 익히는데도 큰 도움을 줍니다. 단순히 'wash'만 쓰는 경우와 달리, 'up'을 뒤에 추가할 경우, 전치사 'up'이 가진 여러 뉘앙스

중 하나인 '철저하게, 완전하게, 깨끗하게'의 의미가 더해

지기 때문이지요.

한 끗 차이를 만드는 부모의 말들

Pull your underwear down quickly. 얼른 속옷 내리자.

Pull down, quick! 후딱 내려 보자!

Can you hold it for a minute? 조금만 참을 수 있을까?

Don't hold it in. 마려우면 참지 마.

Uh-oh, you went in your pants. 저런, 바지에 실수했구나.

Uh-oh, you dribbled. 저런, 팬티에 조금 지렸네.

She/he had a little accident. (어린이집 선생님이 하는 말)
쉬야 실수를 했어요.

No worries. It's a learning opportunity. 괜찮아, 실수
하면서 배우는 거야.

Tinkle, tinkle 쉬야가 쪼르르~

화장실 사용과 손씻기 관련해서는 정말 재미있는 책이 많습니다. 배변 훈련할 때 읽기 좋은 책부터 왜 손을 씻어야 하는지 알려 주는 책, 우리 아이 빙의한 것 마냥 손 안 씻으려는 친구에 대한 책 등 주제도 다양하답니다.

『Potty』 By Leslie Patricelli

몸을 이리 꼬고 저리 꼬는 아기가 기저귀 떼기를 위해 고군분투하는 모습을 그린 책입니다. 글밥이 짧고 유용한 표현을 유머러스하게 풀어냈답니다.

문장 맛보기 I could go in my diaper. I really have to go!

『A Potty for Me!』 By Karen Katz

'엄마가 아기 변기를 준비해 주었지만, 나는 아직 준비가 안 되었다고요!' 하는 아이의 마음을 귀여운 그림과 내용으로 풀어낸 플랩 북입니다. 심지어 밖에서 신나게 놀다가 바지에 실수하는 에피소드까지 담아 현실적이지요.

문장 맛보기 But I'm not ready yet. I sit and wait and sit. Yeah! I really did it!

『Time to Pee!』 By Mo Willems

어린이집이나 학교 등 기관 생활 중 화장실을 가야할 때의 에피소드를 다루고 있는 모 윌렘스의 작품이에요. 요의가 있을 때 당황하지 말고, 참지 말고, 내가 얼마나 큰 '형님'이 되었는지 보여 줄 기회로 삼으라는 유쾌한 책입니다.

문장 맛보기 If you ever get that funny feeling, don't panic!

『Daniel Tiger's Potty Time!』 By Scarlett Wing

바람직한 호랑이 '다니엘 타이거'와 함께 노래도 부르고 화장실 물 내리는 소리도 들어 보며 기저귀 떼기 훈련을 할 수 있는 재미있는 책입니다. '외출하기 전에 화장실을 꼭 한 번 가라'는 내용으로 시작하기 때문에 실생활에 유용한 표현 또한 많이 얻어 가실 수 있답니다.

문장 맛보기 When you have to go potty, stop and go right away. Flush and wash and be on your way.

④ 산책하기(**feat**. 도로 안전)

아이가 아직 영유아일 때, 갈 곳이 마땅치 않은 엄마는 유모차에 아이를 태워 집 근처라도 돌면서 콧바람을 쐬기도 해요. 그런데 이런 귀한 산책 시간, 기분 전환만 하기에는 아깝습니다. 왜냐하면 부모와 함께하는 이 1분 1초가 아이에게 풍부한 언어 자극의 기회가 되기 때문이지요. 부모와의 일상에서 대화에서 놀이에서 아이의 언어가 자라고, 사고가 깊어지고, 더 나아가 문해력이 올라갑니다. 산책을 하면서 눈에 보이고 귀에 들리는 다양한 사물의 이름을 가르쳐 주세요. 언어의 맛을 더욱 풍성하게 해 줄 형용사를 곁들여 보세요. 이렇게 상황에 맞는 부모의 표현을 들으며 아이의 뇌는 적절한 자극을 받고, 발달하게 될 거예요.

야외 활동에서 또 중요한 것이 안전 규칙이지요. 아무리 말해도 지나치지 않은 안전 사항들 중 가장 필수적으로 배워야 할 표현들을 알려 드리겠습니다. 이 표현들만 알고 계셔도 기본적인 도로 안전 수칙은 쉽고도 재미있게 익혀 활용하실 수 있을 거예요. "이 말 참 많이 하는데, 영어로는 뭐라고 하지?" 하셨던 가려운 부분도 싹싹 긁어 드릴게요.

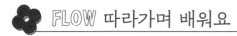

기본 중의 기본

Do you want to go outside? 우리 밖에 나갈까? 산책 갈까?

Let's go for a walk. 산책 가자.

Let's go for a morning walk/evening stroll. 아침 산책/저녁 산책 살살 하러 가자.

오감으로 느껴 보자

Take a look around you. 주변을 한번 둘러보렴.

Up at the sky and down at the ground. 하늘도 보고, 땅도 보고.

What do you see? 뭐가 보이니?

I see flowers/trees/birds/cars etc. 꽃/나무/새/자동차 등이 보이네.

What can you smell? 어떤 냄새가 나니?

What can you hear? 무슨 소리가 들리니?

도로 안전, 이것만은 꼭!

Hold Mommy's(Daddy's) hand. 엄마(아빠) 손잡아.

Don't dart out into the street. 도로로 확 튀어 나가면 안 돼.

No running into the street. 도로로 달려가면 안 돼.

Don't play near the road. 도로 근처에서는 놀면 안 돼.

Understood? 알아들었니?

Walk on the sidewalk. 인도에서 걸으렴.

Stop! Wait! 멈춰! 기다려!

You must stop at all roads. 도로가 나오면 무조건 멈춰야 해.

Stop at the curb/edge. 인도 끝에선 멈춰야 해.

No jaywalking! 무단 횡단은 안 돼.

Red light, stop. Green light, go! Yellow light, slow down. 빨간 불엔 멈춰요! 초록 불엔 가도 좋아요. 노란 불엔 천천히~.

Look left and right before crossing. Look both ways. 길 건너기 전 왼쪽, 오른쪽 다 살피자.

No cars are coming! Good to go! 차가 안 오네. 건너도 좋아.

아이와 산책하러 나왔을 때 필수인 'walking safety!' 안전 규칙 파트는 부모의 단골 멘트인 '손잡아'로 열었습니다. 안전 규칙을 다루기 때문에 어렵게 길게 말하는 것이 아니라 단호한 명령과 지시, 그리고 부정어의 사용이 필요하지요. 많이 쓰는데 은근히 잘 안 나오는 인도, 도로 끝과 같은 표현도 함께 익혀 안전한 산책 시간을 만들어 보시기 바랍니다.

Evening Routine

다정한
저녁 시간

① 저녁 식사

식사 시간은 단순히 밥을 먹는 행위만을 뜻하지 않습니다. 요리를 하고, 식탁을 차리고, 즐겁고 맛있게 먹은 뒤 그릇을 정리하기까지 일련의 과정 모두를 아우르지요. 저녁 식사는 아침 식사 파트의 연장선입니다만, 상대적으로 부모의 마음이 한결 여유로운 시간이지요. 아이들의 주도성을 키워 주고 바른 예절까지 알려 주는 표현을 배워 보기로 해요.

'쏟을 것 같아서', '떨어뜨릴 것 같아서', '아직 어리니까'라는 이유를 붙이기 시작하면, 때를 놓칩니다. 그리고 부모의 생각보다 훨씬 더, 아이들은 부모를 도와주고 싶어 합니다. 그런 아이의 순수한 마음과 "내가 할 거야" 시기가 맞물려지면, 부모는 생각보다 훨씬 더 수월하게 좋은 습관을 키워 줄 수 있어요. 이번 파트에서는 두 돌 아이부터 할 수 있는 테이블 세팅을 시작으로 흘린 것 스스로 닦기까지 자신의 몫을 책임질 줄 아는 아이로 키워 줄 영어 표현들을 배워 보겠습니다.

또한 부모가 식탁에서 자주 하는 말들이 있죠? "숟가락 두드리지 마", "말하면서 먹지 마", "옷에다 닦지 마"와 같은 "Don't~" 남발형 문장들이요. 아이의 행동을 바꿀 수 없는 부정 명령, 잔소리 대신에 바른 행동을 유도할 수 있고 생각할 거리를 던져 줄 표현 또한 함께 알아볼게요. 물론 이런 표현을 우리가 한 번 건넸다고 "네, 이제부터 숟가락으로 두드리지 않고 손에 묻은 것은 반드시 휴지로 닦겠사옵니다"라고 할 리는 없습니다. 외려 더 보란 듯이 치고 두들기고 닦고 씨익 웃으면서 부모의 인내심을 시험하는 게 아이입니다. 넛지영어를 통해 "안 돼, 하지 마"와 같은 부정어 대신, 아이 입장에서 한 번만 더 생각하여 수용하고 공감해 주는 상호 작용 표현을 늘려 보기로 해요.

여담으로 재미있는 사실을 하나 알려 드리면, "넛지영어를 하다 보면 나도 모르게 모국어로도 예쁘게 말하는 연습이 된다"는 후기가 많다는 것! "아이의 행동을 바라보는 나의 관점이 바뀐다"고 말씀하신다는 것! 여러분도 그 주인공이 되시기를 바라며, 오늘 배워 바로 써먹는 표현 살펴보겠습니다.

식사 준비하기

Help me set the table, honey. 식탁 차리는 것 좀 도와주렴, 아가.

Will you put spoons and chopsticks on the table? 식탁에 숟가락, 젓가락 좀 놓아 줄래?

Can you wipe the table clean? 식탁 좀 깨끗하게 닦아 줄래?

Clear the table, please. 식탁 위 좀 치우렴.

Take this plate to the table, please. 이 그릇 좀 식탁에 놓아 줘.

식사 정리하기

Sweetie, take your plates to the sink. 아가, 그릇 좀 싱크대에 가져다 주렴.

Bring your plates to the sink, please. 네 그릇을 싱크대로 가져오렴.

Be careful. Use both hands. 조심~ 두 손으로 들자.

Let's clean up the table. 식탁을 닦아 볼까.

Let's wipe up the spills. 음식 흘린 것 닦아 보자.

Let's push your chair back in. 의자 제자리~.

자기 효능감을 올려 줄 고마움의 표시

Thank you for helping me. 도와줘서 고마워.

You were a big help. 큰 도움이 되었어.

It really makes a difference. (도와주니 차이가 만들어졌어) 정말 도움이 된단다.

Thanks to you, cleaning up after dinner was a breeze! 덕분에 저녁 먹고 치우는 게 껌이었지 뭐야.

밥상머리 예절 2탄

Use your fork/spoon (to eat your food). (손으로 먹지 말고) 네 포크/스푼을 쓰렴.

No fingers! 손가락으로 먹지 말자.

I know how fun it is, but! 재미있는 건 엄마도 알겠지만!

Let's not make it a drum session. 숟가락(포크) 등으로 두드리지 말자.

Cutlery is for eating, not for playing. 숟가락, 젓가락은

먹는 데 쓰는 거야.

It's not polite to talk with your mouth full. 먹으면서 말하는 건 예의에 어긋나요.

Keep your mouth closed while chewing. 입을 다물고 먹자꾸나.

Nobody wants to see the mushy goo in your mouth. 아무도 네 입 속을 보고 싶어 하지 않는단다.

Honey, your t-shirts aren't napkins. 아가, 네 옷은 휴지가 아니란다. 닦지 마.

Use a napkin to wipe your fingers/mouth. 휴지로 손가락/입을 닦으렴.

Thank you for the food. 잘 먹었습니다.

It was delicious. 맛있었어요.

엘리쌤의 한마디 　모두가 기분 좋은 식사를 위해 배워야 할 매너를 부드럽게 가르치는 표현입니다. 포인트는 '무심한 듯 다정하게'입니다. 숟가락, 포크 들고 신나게 난타 퍼포먼스 펼치고 있을 때 백날 "Stop it! Don't do that!" 외쳐도 아이는 절대 멈추지 않아요. 아이가 둥당둥당 세상 신나게 두드리는 재미를 먼저 인정하고 숟가락, 젓가락은 장난감이 아니라 먹을 때 쓰는 것임을 명확히 알려 주세요. 또한 식사를 마치고 잘 먹었다는 인사 표현은 요리를 준비해 준 사람에 대한 감사의 마음을 전달하는 것. 그 마음 그대로 "Thank you for the food" 하면 어디서도 환영받는 기본 매너를 갖춘 아이로 자라리라 생각합니다.

 Book & Nudge

아침 식사 파트에 이어 저녁 식사를 다룬 재미난 책들을 지나칠 수 없습니다. 반복되는 라임과 문장 패턴이 흥미진진한 그림책부터 바람직한 매너를 알려 주는 책을 통해 일상과 그림책의 연결 고리를 탄탄히 엮어 보겠습니다.

『**Dinner at the Panda Palace**』 By Stephanie Calmenson
판다 궁전 레스토랑에 오는 동물들을 통해 숫자와 다양한 동작 동사를 배우고, 공감과 포용, 친절함이라는 무형의 가치까지 깨닫게 하는 책입니다. 저녁이라는 시간적 특성을 충분히 살려 표현한 동물들의 다소 지치고 배고픈 모습, 일을 마치고 돌아오는 모습이 웃음을 자아낸답니다.

문장맛보기   Is there a table for eight? There will always be room at the Palace for you!

『Dinnertime for Chickies』 By Janee Trasler

"밥 먹기 전에 날개 씻고~ 자리에 앉으렴!" 귀여운 아기 병아리들은 과연 저녁밥을 먹을 수 있을까요? 일상 회화에 바로 활용하기 좋은 문장들로 구성되었을 뿐만 아니라 음식과 관련된 다양한 형용사를 만나 볼 수 있어요.

문장맛보기   Dinnertime, Chickies! Let's all eat. Veggies first, and then a treat.

『Play with Your Plate!』 By Judith Rossell

밥 먹는 것을 싫어 하는 아이, 음식에 관심이 없는 아이에게 흥미를 유발해 줄 책을 찾고 계시다면? 아이들에게 친숙한 음식의 명칭뿐만 아니라 음식끼리의 조합 및 분류까지 알려 준답니다.

문장맛보기   Can you make a plate of your favorite foods?

『Dinnertime!』 By Sue Williams

"엄마가 밥 먹으라고 부르면 바로 오라고 했지!" 이 말을 해 보신 부모님들에게 특히 추천하는, 라임이 살아 있는 책입니다. 배고픈 여우와 잡아먹히지 않기 위해 재빨리 도망가는 토끼들 사이의 추격전이 흥미진진하답니다.

문장 맛보기 Run, fat rabbits! Run, run, run! Or that fox will eat you, one by one!

② 잠자리 독서

우리는 아이가 책을 좋아하는 아이로 자라길 바랍니다. 이를 위해 딱 2가지만 지켜 보도록 해요. 첫째, 부모가 책을 읽는 모습 보여 주기. 둘째, 잠자리 독서만큼은 사수하기.

아이에게 책을 읽어 주는 것만큼이나 중요한 것이 부모 손에 들린 책입니다. 바로 옆에서 책 읽는 모습 보여 주는 것이 정 어렵다면, 아이 눈에 보이는 곳에 부모의 작은 서재(라고 쓰고 책 몇 권 세워 두기)를 만들어 보세요. 책을 펼쳐 놓기도 하고, 연필도 슬쩍 끼워 두고, 밑줄도 그어 보고, 틈틈이 책을 읽어 보세요. 시늉만 해도 좋습니다. 뭔가 재미있는 게 책 안에 숨어 있다는 표정을 지어 주면 금상첨화입니다.

두 번째는 잠자리 독서의 힘을 믿고 매일 한 권이라도 꼭 읽어 주는 것입니다. 다독도 물론 중요하지만 한 권을 읽어도 밀도 있는 경험을 하는 것이 책과의 유대감을 형성하는 데 더 중요합니다.

이번 파트에서는 아이를 품 안에 넣고 할 수 있는 기본 뼈대 표현들을 알아보겠습니다. 아이가 책을 읽어 달라고 할 때마다 언제든지 적용해 보시기 바랍니다.

넛지영어

🌸 FLOW 따라가며 배워요

독서의 문 열기

What time is it? 지금 무슨 시간일까?

It's story time! 책 읽는 시간!

Story time, fun time! 신나는 책 읽기 시간!

Go pick any book you like. 네가 좋아하는 책을 가서 골라 보렴.

Let's see what we're reading tonight. 자~ 우리 오늘 뭐 읽을지 좀 볼까.

The title is 'The Very Hungry Caterpillar.' '아주 배 고픈 애벌레'라는 책이야.

It's written and illustrated by Eric Carle. 에릭 칼 아 저씨가 쓰고 그렸대.

What do you see? 무엇이 보이니?

표지와 작가 읽어 주기

The title is ○○○(제목). 제목은 ○○○이야.

It's written by ○○○(작가 이름). ○○○라는 작가가 썼어.

○○○(작가 이름) wrote this book. ○○○라는 작가가 썼어.

It's illustrated by ○○○(그림 작가 이름). ○○○라는 그림 작가가 그렸어.

○○○(그림 작가 이름) drew this book. ○○○라는 그림 작가가 그렸어.

Let's read ○○○(책 제목) together. 우리 같이 ○○○ 읽어 보자.

What do you see on this page? 이 페이지에는 뭐가 보이니?

I see ○○○. 나는 ○○○가 보여.

What is happening here? 여기서 무슨 일이 일어나고 있니?

What is going on here? 여기서 무슨 일이 벌어지고 있을까?

I can't wait to find out. 아, 궁금해~ 얼른 무슨 일인지 알아 보자.

쉬운 인지 발달 질문하기

What color is [an animal/object mentioned in the book]? [이 동물/물건은] 무슨 색깔이니?

Can you point to [a specific character]? [특정 캐릭터를] 손가락으로 가리켜 볼래?

Can you find [an animal/object] on this page? 이 페이지에서 [동물/물건을] 찾아볼 수 있겠니?

What sound does [an animal/object] make? [이 동물/물건은] 어떤 소리를 내니?

Can you read this with me? 엄마(아빠) 따라 이거 읽어 볼까?

하브루타 대표 질문 10가지

Whose your favorite character? 어떤 등장인물이 제일 마음에 들어?

Which character do you like the least? Why? 등장인물 중 누가 제일 별로야? 그 이유는 뭘까?

What was your favorite part of the story? 이야기의 어느 부분이 제일 마음에 들었어?

Why did you choose this book? 이 책을 고른 이유가 있니?

What is happening on this page? 여기서 지금 무슨 일이 벌어지고 있지?

What do you think will happen next? 그 다음에는 무슨 일이 일어날 것 같니?

How do you think [the character] feels? [그 캐릭터가]

어떤 기분이었을 거 같아?

How would you feel if that happened to you? 너에게 이런 일이 일어났다면 어떤 기분일 거 같아?

How do you think this story will end? 이 이야기가 어떻게 끝날 것 같니?

How does this story make you feel? 이 이야기를 읽고 나니 어떤 느낌이 드니?

엘리쌤의 한마디 '우리 아이는 이런 질문에 대답 못 할 걸요?' 하는 염려 아닌 염려가 든다면, 먼저 한국어로 대답을 할 수 있는 시기인지 체크해 주세요. 아이가 단어 하나만 뱉어도 괜찮다는 마인드도 필요합니다. 대답을 아예 하지 않는 경우도 많은데, 이럴 때는 부모가 간단히 자문자답하고 넘어가면 됩니다. 핵심은 이런 질문을 던져 봄으로써 아이가 '사고하는 시간'을 지속적으로 마련해 주는 데 있습니다. 좋아하는 캐릭터 묻기 같이 쉬운 것부터 시작하세요.

영미권에서 꼭 읽어 주는 클래식한 잠자리 책들을 소개합니다. 아름다운 일러스트와 더불어 아이들의 기초 문해력 발달에 도움을 주는 고전 중의 고전들입니다. 부모표 영어를 하면서 익히 들어 보셨을 다음 책들이 '왜' 유명한지 간략히 설명해 드리겠습니다.

『**Goodnight, Moon**』 By Margaret Wise Brown
일단 부드럽고 잔잔한 일러스트는 잠자리 독서로 합격입니다. 또한 운율감이 느껴지는 텍스트의 반복을 통해 아이들은 어떤 내용이 전개될지 기대하고 유추하는 능력과 어휘력을 키울 수 있어요. 세상 간단하지만 집 안의 사물을 돌아보며 '잘 자'라고 말해 주는 활동을 통해 주변의 환경과 언어 소리를 연결하는 상호 작용까지 가능합니다.

『**The Very Hungry Caterpillar**』 By Eric Carle
눈을 사로잡는 컬러풀한 색감과 그림체는 아이들의 시선도 단박에 사로잡죠. 단어와 그림의 연결 고리가 명확하기 때문에 손쉽게 단어를 이해할 수 있습니다. 짧지만 사랑스러운 이 책은 숫자, 요일, 다양한 음식의 이름 그리고 나비의 한살이 등을 통해 기초 수 개념과 문해력의 발달을 도와요. 반복되는 문장 패턴 또한 아이들의 읽기 능력을 향상시킵니다.

『Guess How Much I Love You』 By Sam McBratney

보드랍고 몽글한 느낌이 가득한 일러스트는 잔잔하고 차분한 분위기를 만들어 줍니다. 사랑하는 아이와 감정을 주고받으며 애착을 다지기에 더할 나위 없는 주제를 다루고 있지요. 또한 서로를 얼마나 사랑하는지 책 내용에 맞추어 몸으로 표현해 보는 활동은 책에 대한 관심을 키워 준답니다.

③ 잠자리 루틴

아침 3분, 하원 후 3분을 잘 챙기지 못해서 마음이 불편한 부모님 있으신가요? 괜찮습니다. 우리에게는 자기 전 3분이 남아 있습니다. 이번 장에서는 씻기, 잠옷 입기, 굿 나잇 인사하기 등 기초 생활 습관을 잡는 데 도움을 주는 영어 표현까지 덤으로 얻는 저녁 루틴을 알려 드리겠습니다.

씻는 시간이니까 단순히 "Let's take a shower" 이렇게 한 문장만 던진다면, 단순 영어 회화가 됩니다. 하지만 옷을 벗는 것부터 샤워하는 과정 안에 필요한 행동들을 알려 주고, 이걸 왜 해야 하는지 아이에게 알려 주는 것은 '육아 영어'입니다. 핵심은 약간의 인내심과 적절한 문장 넛지로 아이가 자신의 의지대로 연습해 보는 시간을 허락하는 것입니다. 우리가 그토록 바라는 '스스로 알아서 하는 습관과 태도가 몸에 밴 어린이'란 이 연습을 통해 자라나지요.

잠자리 루틴 파트이니만큼 굿 나잇 인사를 빼놓을 수 없겠습니다. 가장 기본이 되는 "Time to go to bed"에서 더 나아가 서로 살을 부비며 정서적 안정감을 찾는 표현까지 배워 볼게요. 짧고 쉬워서 활용도까지 올라가는 굿 나잇 인사만 내 것으로 만들어도 충분하답니다.

Let's finish strong!

FLOW 따라가며 배워요

씻기 전 옷부터 벗어야죠

Let's take off your clothes. 옷 벗어 보자.

Pull your pants down. 바지 내리고.

Take off your shirt. 셔츠도 벗고.

Can you do that on your own? 스스로 할 수 있겠니?

Clothes off! 옷 싹~ 벗어 볼까!

Let's get ready for the shower. 샤워할 준비하렴.

샤워, 목욕 시작은 이렇게

Let's take a shower. 샤워하자.

Time to take a bath. 목욕할 시간이야.

I got the tub ready. 욕조에 물 받아 놨어.

Let's hop in! (샤워하러/목욕하러) 들어가자.

엘리쌤의 한마디 '샤워하자'는 기본 표현 외에도 욕조에 물을 받아 두고 "들어가라"는 표현도 실전 육아에서는 많이 쓰입니다. 아이가 조금 커서 스스로 물을 받을 수 있다면 앞서 배운 "go+동사원형"을 응용하셔서 "Go get the tub ready"(가서 욕조에 물 받으렴)를 건네 보실 수도 있겠지요? 다수의 영어 그림책과 동요에서 주구장창 등장하는 hop을 샤워실이나 욕조로 퐁당~ 뛰어들 때 응용해 보셔도 좋겠습니다.

머리 감기는 이렇게

Let's wash your hair. 머리 감아 보자.

I'm going to wet your hair first. 먼저 머리에 물을 적실 거야.

Close your eyes. Tilt your head backward. 눈 감고. 머리 뒤로 젖혀 보자.

Now, we'll use a bit of shampoo. 이제 샴푸할 거야.

Hold still. (움직이지 마) 가만히~.

Time to rinse off the bubbles. 거품 씻어 낼 시간이야.

Bye-bye, bubbles. 거품들아, 안녕~.

몸 닦기는 이렇게

Let's wash your arms, first. Lift them up!

Hooray! 팔 먼저 닦자. 팔 들고 만세~!

Time to wash your body. 이제 몸 닦아 보자.

I'll put some soap on the sponge. 스펀지에 비누 좀 묻힐게.

Then, scrub-a-dub-dub. 그 다음에는, 쓱싹쓱싹~.

Can you rub it over your tummy? 배 문질러 볼래?

I'll do your back. 등은 내가 해 줄게.

Now for your legs. 자, 다리도 해 보자.

We will wash all the way down to your toes. 발끝까지 쓱싹쓱싹 닦아 보자.

Alright, let's rinse off the soap. Ready? 좋아, 이제 비누 거품 씻어 내자. 준비됐나요?

Stand under the water and splash! 샤워기 아래 서서 물 폭탄 갑니다!

물기 닦고 마무리는 이렇게

Ok, let's grab a towel to dry off. 수건 하나 꺼내서 말리렴.

Let me dry you with a towel. 수건으로 말려 줄게.

You are all clean now. 우리 아기 이제 깨끗하네.

You're squeaky clean. 우리 아기 뽀득뽀득 깨끗하기도 하지.

Let's put some lotion (on you). 로션 좀 바르자.

Give it a little squeeze. 로션 살짝 눌러 짜 봐.

Just one push will do. 한 번만 누르면 돼.

Let me dry your hair. 머리 말려 줄게.

잠옷 입기

Let's put on your jammies. 잠옷 입자.

Where's your left hand (hiding)? 왼손은 어디 있지?(어디 숨었지?)

Where's your right hand (hiding)? 오른손은 어디 있지?(어디 숨었지?)

In it goes~ 안으로 쑤욱~.

Done, done! 다 입었다.

잠자리에 쏙! 들어가기

Time to sleep now. 잘 시간이야.

Time to go to bed. 침대로 갈 시간이야.

Jump into bed. 침대로 쏙~ 들어가자.

Let's hit the hay. 자러 가자.

Snuggle time! 뒹굴뒹굴 부비부비 시간!

Let's cuddle up. 품에 쏙 넣고 뒹굴거리자~.

굿 나잇 인사하기

I'll tuck you in. 이불 덮어 줄게.

Good night, sweetheart. 잘 자, 아가야.

Nighty night. 잘 자렴.

Sleep tight. 잘 자렴.

Sweet dreams. 좋은 꿈 꾸렴.

PLay Routine

신나는
놀이 시간

① 클레이 놀이

'Your hands shape your brain!'(손은 제 2의 뇌다!)

뇌를 지도화해서 펼쳐 보면 가장 넓은 면적을 차지하는 것이 손을 관할하는 부위라고 해요. 그러니 아이들이 적극적으로 손을 활용하여 만져 보고, 주무르고, 쥐어짜는 활동을 통해 터득한 손 감각이 뇌 신경망을 촘촘하게 구성해 주는 것이죠. 무엇보다 소근육 발달은 아이들의 인지 발달과 연관이 깊습니다. 2022년에 실시한 한 연구 조사에 따르면, 유아기에 소근육 능력을 잘발달시킨 아이일수록 초등학교에 들어가서 더 높은 문해력 점수를 받았다고 해요. 그래서 영유아들이 말랑한 클레이를 뭉치고 굴리며 소근육 운동을 많이 하면 할수록 인지 영역에도 긍정적인 영향을 받을 수 있답니다.

이렇게 좋은 놀이에 영어까지 얹어 준다면? 즐거운 활동에 잔잔히 버무려 주는 가벼운 넛지는 아이 안에 자리 잡습니다. 안 듣는 거 같아도 기억 어딘가에 남아요. 부모도 아이도 부담 없이 시작할 수 있도록 그 처음은 우리의 손이 할 수 있는 필수 동작 동사 10개로 시작할게요. 아이가 어릴수록 행동과 영어 소리의 연결 고리를 단단히 만들어 주기 위해, 각 동작을 천천히 보여 주며 영어로 알려 주세요. 그리고 놀이가 보다 풍성해지도록 5단계로 나누어 단계에 맞춘 표현을 알아볼게요. 5단계가 뭐냐고요? ❶ 놀이 시작 알리기 ❷ 놀이 제시 또는 제안하기 ❸ 아이 관찰하며 필요 채워 주기 ❹ 아이의 작품과 노력 칭찬하기 ❺ 놀이 마무리하기입니다.

자, 그럼 본격적인 표현에 앞서 다음 문장을 한 번 크게 소리 내어 읽어 주세요.

"넛지영어란 부모가 100퍼센트 이고 지고 끌고 나가는 버거운 영어가 아니다! 내가 할 수 있는 만큼만 아이와의 시간 속에 가볍게 찔러 넣는다! 아이가 일상에서 직관적으로 영어를 이해하고 즐겁게 습득하도록 돕는다!"

이 말을 마음 밭에 다시 심어 보며, 이번에는 놀이로 풀어 볼까요?

FLOW 따라가며 배워요

클레이 놀이 필수 동사 10가지

Knead 치대어 반죽하다

Cut 자르다

Squish 손가락이나 손바닥으로 꾸욱 누르거나 쥐어짜다

Pound 손바닥, 주먹 등으로 팡팡 내리치다

Roll 손이나 도구로 굴리다

Shape 어떤 형태, 모양으로 만들다

Press 힘을 주어 누르다

Poke 손가락이나 도구를 이용하여 쿡 찌르다

Pinch 작은 덩어리로 떼거나 모양을 만들다

Mix 섞다

엘리쌤의 한마디 처음에 아이와 클레이 놀이를 할 때, 동사를 세 번씩 말하면서 시범을 보여 주세요. 문장으로 만들기 어렵다면 동사를 반복하며 각 동작을 천천히 보여 주는 것으로도 충분합니다. 칼로 잘라 보며 "cut, cut, cut"을, 손으로 굴려 길게 국수 가락을 뽑으면서 "roll, roll, roll"

하는 사이, 자연스럽게 행동과 영어 소리의 연결 고리가 단단히 잡힙니다.

놀이 시작 알리기

This is clay. Clay. 이게 클레이야. 클레이.

Let's play with it. 우리 클레이 가지고 놀자.

Let's make something together. 우리 뭐 같이 만들어 보자.

Do you want to play with clay? 클레이 가지고 놀래?

놀이 제시 및 제안하기

Let's poke the clay. 클레이를 손가락으로 찔러 보자.

Let's knead the clay. 클레이를 주물러 보자.

Squish, squish, squish. 조물 조물 조물.

Pound, pound, pound. 팡팡팡.

Let's try a different color. 다른 색깔도 써 보자.

Let's mix the colors together. 색깔들을 섞어 보자.

Ok, that's fine. 그래, 그렇게 해도 좋아.

Let's make something. 우리 뭐 만들어 보자.

Let's make a ball. 공 만들어 보자.

Let's make a triangle. 삼각형 만들어 보자.

Let's make a snake. 뱀 만들어 보자.

Let's make a noodle. 국수 (또는 가늘고 기다란 줄) 만들어 보자.

Let's build a tower. 탑을 쌓아 보자.

Let's make some more. 더 만들어 보자.

Let's make something else. 다른 거 만들어 보자.

Can you make a ball for me? 엄마(아빠)한테 공 좀 만들어 줄래?

엘리쌤의 한마디   아직 아이가 어리거나 클레이 놀이가 익숙하지 않은 경우, 적절한 개입으로 놀이 방법을 안내해 주세요. 앞서 배운 10개의 동사를 이용하여 "찔러 보자", "주물러 보자"와 같이 놀이로 유도하는 문장, 그리고 부모의 적극적인 개입으로 색 섞어 보기, 특정한 모양 만들기를 유도하는 문장들을 건네주세요.

아이를 관찰하고 필요 채워 주기

More clay? 클레이 더 줄까?

Do you need more clay? 클레이 더 필요하니?

Oops, that one broke. 저런, 무너졌네.

It's ok. Let's try again. 괜찮아. 다시 해 보자.

Let me help you. 도와줄까?

작품과 아이의 노력을 칭찬하기

Good job! 이야, 잘했네.

That's beautiful. 너무 예쁘다.

That's awesome. 정말 근사하다.

You're so creative. 넌 정말 창의적이구나.

Wow, your clay work is one-of-a-kind. 네 작품은 세상에 단 하나뿐이야.

You made that all by yourself? 이거 울 애기가 혼자 다 만든 거야?

I'm impressed. 엄마(아빠)는 감동 받았어.

I love the colors you chose. 네가 고른 색깔들 참 멋지다.

I can tell you really worked hard on this. 정말 열심히 만들었구나.

놀이 마무리하기

Ok, it's time to clean up. 이제 치울 시간이야.

Tidy up. 정리하자.

Let's put this away. 이거 치우자.

Let's put the clay back in its container so it doesn't dry out. 클레이가 마르지 않게 통에 넣어 두자.

Let's put the clay back in. 클레이를 통 안에 넣으렴.

I know it's hard to stop playing. 놀다가 정리하려니 싫지? 엄마(아빠)도 알아.

These are your toys and we need to take care of them. 이 장난감들은 네 것이고 소중히 다뤄야 해.

Cleaning up can be fun, too. 치우는 것도 재미있을 수 있어.

Let's put on some music. 우리 음악 틀고 하자.

Let's put on some music and make cleaning up a party time. 우리 음악 틀고 신나게 춤추면서 치워 보자.

클레이로 직선 만들기

Here's a straight line. 여기 직선이 있어.

No curves, no bends. 구부러진 부분이 하나도 없지.

Can you roll the clay into a long snake? Like this. 클레이를 길게 뱀처럼 만들 수 있니? 이렇게.

There you go. 그렇지.

Trace a straight line with the clay from one end to the other. 클레이로 이 끝에서 저 끝까지 선 따라 붙여 보자.

클레이로 곡선 만들기

Here's a wavy line. 여기 곡선이 있어.

It's like a rolling hill. 굽이굽이 굽이진 언덕 같네.

Ok, let's try making a noodle first. 좋아, 그럼 먼저 국수 한 가락 뽑아 볼까? 길게 만들어 볼까?

Then place it over here. 그 다음에는 여기 올려 보자.

All the way to the end. 끝까지.

Well done! 잘했어!

클레이로 지그재그 만들기

We have a zigzag line here. 여기 지그재그 선이 있어.

It goes up and down. 선이 오르락내리락 하지.

Can you roll the clay into a noodle? 국수처럼 길게 만들 수 있니?

Yes, just like that. 그렇지, 그렇게 하는 거야.

Now we go up and down, up and down. Beautiful!

이제 위로 올라갔다 내려갔다. 참 잘했어!

클레이로 회오리 모양 만들기

We have a spiral here. 여기 회오리 모양이 있어.

It goes round and round. 둥글게 둥글게 돌아가지.

I think we will need a long noodle. 이번에는 좀 긴 국수 가락이 필요하겠다.

Can you shape the clay into a spiral? 회오리 모양으로 만들어 볼 수 있겠니?

That looks awesome. 근사하네.

How about making one with a different color? 다른 색깔로 또 만들어 보는 건 어때?

엘리쌤의 한마디　아이들이 클레이로 다양한 모양을 만들며 놀잖아요? 이 놀이가 모양을 익히고 손목을 다양한 각도로 사용하며 기초 문해력을 쌓는 과정이기도 하다는 사실! 몬테소리 아이들은 영유아 시기에 필기구로 선 긋기와 모양 따라 그리기를 할 뿐만 아니라, 다양한 도구를 활용해 손목을 유연하게 하는 활동을 한답니다.

② 블록 놀이

아이가 있는 집에서 발에 치이도록 있는 놀잇감 하나를 고르라면, 단연코 블록입니다. 조그만 레고 조각을 발로 밟아서 내적 비명 지른 부모님들, 모두 가만히 고개를 끄덕이고 있을지도 모르겠습니다. 돌 전후의 아이는 블록을 손으로 만지작거리며 관심을 보일 것이고, 두 돌만 되어도 4~5개는 쌓아올릴 수 있습니다. 세 돌 즈음 되면 집, 유치원, 기차, 자동차 등 다양한 모양을 만들어 노는 것이 가능해집니다. 이렇게 많은 아이들이 즐겨 사용하는 놀잇감인 블록은 '손과 눈의 협응력'을 정교하게 해 주는 똑똑한 놀잇감이기도 합니다. 블록을 끼웠다 뺐다 하는 손놀림을 반복하다 보면 자연스럽게 소근육이 발달하고, 눈으로 보고 제대로 끼워야 하니 손과 눈이 함께 짝짜꿍합니다. 어디에 블록을 올리고 끼우고 뺄지 고민하다 보면 공간 지각 능력도 자연스럽게 쑥쑥 자랍니다. 이렇게 똑똑한 놀이를 넛지영어 놀이 표현에서 안 다루고 넘어갈 수 없겠지요.

그런데, 지금까지 블록 놀이 영어라고 하면, 'build'나 'make'만 알았던 분들, 모두 손 번쩍~ 들어 볼까요? 넛지영어에서는 조금 더 친절하고 세심하게 놀잇감의 개성을 살린 표현들을 배워 볼 거예요. 왜일까요? 우리집 장난감 상자 한번 떠올려 보세요. 블록이라는 카테고리 안에 원목을 시작으로 레고처럼 끼워 맞추는 블록, 착착 손에 감기는 자석 블록까지……. 어떤가요? 얼마나 다양한지요. 블록으로 탐색하고, 조립하고, 나열하며, 창조하는데 사실 build 하나만으로 끝낼 수가 없습니다. 이 장을 읽으시는 여러분은 블록 놀이 동사 활용법을 정확하게 배워, 1할의 넋지를 보다 효율적으로 줄 수 있게 될 거예요.

아이의 모든 배움은 놀이에서 시작되고, 그 놀이는 언어적 상호 작용으로 채워지지요. 옹알이 시기에는 울음소리를 통해 아이가 원하는 바를 읽을 수 있었다면, 단순 발화가 시작되고 비언어적인 몸짓으로 소통을 시도하는 시기에는 아이를 충분히 관찰하며 필요를 읽어 줘야 합니다. 아이가 가리키는 손가락 끝의 물건 이름을 영어로 한마디 더해 주거나 아이가 블록을 위에 쌓고 싶어 하면 "Want to stack it on top?"처럼 아이의 마음을 읽어 주면, 아이는 부모가 자신이 원하는 것을 알아준다고 느낄 거예요. 결국 놀이 속 상호 작용을 통해서도 사랑과 신뢰가 싹트게 되고 이 작지만 밀도 있는 시간이 만들어질 때 들리는 영어 소리는 배경 음악으로 흘러가는 영어 동요나 CD 음원하고는 완전히 질적으로 차이가 생길 거예요.

Let's go play with blocks, Mommy!

블록 놀이 필수 동사 14가지

Build 만들다, 쌓다

Stack 쌓다, 올리다

Create 만들다, 창조하다

Find 찾다

Place 쌓다, 올리다, 어느 위치에 두다

Connect 연결하다

Sort 분류하다

Assemble 조립하다

Add 더하다

Hand 건네주다

Take apart 떼어 내다

Knock down 부서뜨리다

Tumble down 무너뜨리다

Crash down 무너뜨리다

블록 놀이로의 초대

Let's play with blocks, sweetie. 아가, 우리 블록 놀이 하자.

Sweetie, look at these blocks! 아가, 이 블록 좀 보렴.

Let's make something. 우리 블록으로 뭐 만들어 볼까.

Let's build something. 우리 블록으로 뭐 만들어 볼까.

Let's create something. 우리 블록으로 뭐 만들어 볼까.

What do you want to build? 뭐 만들고 싶니?

Do you want to build a castle or a robot? 성을 만들까, 로봇을 만들까?

Check this out. We can use the manual. 이거 봐. 우리 설명서 보고 하면 되겠다.

Look what I found, darling! This block set comes with a step-by-step manual. 아가, 엄마(아빠)가 뭐 찾았게. 이 블록 세트에 설명서가 딸려 오네!

You can do it on your own. You do it! 스스로 할 수 있지. 네가 해 보렴.

본격적인 블록 놀이

Let's stack it on top. 위로 쌓아 보자.

Let's place it on top. 위에 올려 보자.

Let's put it on top. 위에 놓아 보자.

Wow, the tower is getting taller! 우와~ 탑이 점점 높아지네!

Let's stand next to it and see how tall you are. 옆에 서서 얼마나 큰지 키 재 볼까.

Look! The tower is as tall as you! 보렴! 블록 타워가 네 키만 하네!

빌딩, 타워를 쌓을 때 활용할 수 있는 표현

The tower is wobbly. 타워가 흔들거려.

Wibbly wobbly 흔들흔들

Wobble wobble 흔들흔들

It might fall down. 무너질 거 같네.

It fell down. 무너졌네.

Let's take it apart. 이 블록 피스 떼어 보자.

Let's crash it. 부셔 보자.

Let's knock it down! 무너뜨려 보자.

영아를 위한 블록 놀이 표현

Let's sort these blocks by colors. 블록들을 색깔별로 나

뉘 볼까.

Red, blue, yellow, green 빨강, 파랑, 노랑, 초록

Let's sort these blocks by shapes. 블록들을 모양별로 나뉘 볼까.

Circle, square, heart, star, rectangle 동그라미, 정사각형, 하트, 별, 직사각형

Can you find a circle(triangle/heart/star/rectangle)? 동그라미(삼각형/하트/별/직사각형) 블록 좀 찾아줄래?

Can you hand me a circle(triangle/heart/star/rectangle)? 동그라미(삼각형/하트/별/직사각형) 블록 좀 건네줄래?

엘리쌤의 한마디 "우리 아이는 아직 쌓는 걸 못해요~"라고 하시는 영아 부모님들을 위해 살뜰히 챙겨 본 속성 분류 표현들입니다. 색과 모양 인지를 시작하는 아이들은 모양 블록, 색깔 블록으로 차근차근 어휘 벽돌을 쌓아 보겠습니다. 18~24개월 언어 폭발기 무렵에는 "Can you hand me~?" 하고 특정 블록을 건네 달라고 물어 보며 수용 언어 이해도를 가늠해 볼 수도 있습니다.

③ 역할 놀이: 병원

역할 놀이는 아이 발달에 있어 매우 중요한 놀이입니다. 공감 능력 향상과 사고 확장을 돕기 때문이지요. 정말 말 그대로 아침에 눈뜨자마자 시작한 역할 놀이를 잠자리에 들 때까지 하는, 그 무한 동력은 어디에서 나오는 걸까요.

역할 놀이의 핵심은 바로 '역할'에 있습니다. 아이는 엄마, 아빠 역할은 물론, 의사, 간호사, 선생님, 소방관, 마트 주인, 요리사 등 다양한 배역을 맡아 보면서 타인의 마음을 이해하고 느끼는 공감 능력을 키웁니다. 이것이 중요한 이유는 바로 유아기의 두드러지는 특징인 자기 중심적 사고 때문입니다. "난 나만 바라봐~"인 아이들이기에 역할 놀이는 남의 입장을 생각하고 느낄 수 있는 기회가 되는 것이지요. 이렇게 상황을 조망할 수 있는 능력은 추후 사회성 발달에 도움이 되어요.

역할 놀이에서 만들어지는 갈등 또한 아이를 성장하게 합니다. '이때는 어떻게 해결하면 좋을까' 하는 고민의 장이 열리고, 이 과정에서 사고가 확장되며 문제 해결력 또한 쑥쑥 큽니다.

마지막으로 역할 놀이의 꽃, 즉 아이의 언어 발달을 빼놓을 수 없습니다. 역할 놀이는 대화 없이 이어나갈 수가 없죠. 자기 생각을 끊임없이 표현하고, 상대의 말을 귀 기울여 듣고 상황에 맞는 대답을 하는 법을 연습하는 장입니다. 비록 엄마, 아빠에게는 '이게 대체 무슨 말인가……' 해독해야 하는 시간일 때도 있지만, 아이는 어른의 정제된 표현과 문법, 그리고 감정과 생각을 표현하는 언어에 반복 노출됨으로써 언어 발달을 이뤄 낼 수 있답니다.

그렇다면 넛지영어는 왜 하고 많은 역할 놀이 중 병원 놀이를 택했을까요? 간단합니다. 우리의 일상과 밀접하고 위급한 상황에서 실질적인 활용도가 높기 때문이에요. 지금까지 여러분이 중학교 시절 배웠던 동사 5가지를 바탕으로 한 번 익혀 두면 두고두고 써먹을 수 있는 표현들을 알려 드리겠습니다.

무엇보다 병원 놀이는 영어 표현을 익힐 수 있을 뿐만 아니라, 아이들의 병원에 대한 두려움을 줄여 주고 부모와의 상호 작용을 통해 문제 해결력과 언어 자극을 모두 노려볼 수 있는, 상당히 똑똑한 놀이입니다. 지금까지 흔히 다루어진 식상한 병원 놀이 표현에서 벗어나, 아이를 배려하는 의사 선생님과 자신의 감정을 솔직하게 표현하는 환자로 빙의하여 알찬 놀이 시간으로 채워 보시겠습니다.

Let's play, doctor!

FLOW 따라가며 배워요

병원 놀이 필수 동사 5가지

Check 재다, 체크하다, 검진하다

Listen 소리를 듣다

Look inside 속 안을 들여다보다

Give 주다, 놓다

Take 약을 먹다, 엑스레이를 찍다, 들이쉬다

엘리쌤의 한마디 병원 놀이에서는 동사만 잘 써도 반은 먹고 들어가는 표현이 많습니다. 이 다섯 가지 동사의 공통점은 우리에게 익숙한 단어들이라는 것! '주사를 놓다', '청진기로 소리를 듣다', '약을 먹다' 같은 표현을 할 때 새롭고 어려운 동사는 필요 없습니다. 우리가 익히 들어 본 'check', 'listen', 'look', 'give', 그리고 'take'면 충분하답니다.

환자 맞이하기

What brings you in today? 어떤 일로 오셨어요? 어디가 불

편하세요?

How are you feeling today? 오늘 좀 어떠세요?

How's our little patient today? 우리 꼬마 환자, 오늘 좀
어때요?

열 재기

I'll check your temperature. 열 좀 재 볼게요.

Let me check your temperature. 열 좀 재 볼게요.

You have a fever. 열이 있네요.

There's no fever. 열 없어요.

Your temperature is normal. 체온 정상입니다.

You have a high fever. 고열이 나네요.

You have a mild fever. 미열이 있어요.

폐(가슴), 배 진찰하기

Let's listen to your lungs/chest. (폐 소리/가슴 소리) 좀
들어 볼게요.

Let me check your lungs/chest. (폐 소리/가슴 소리) 좀
들어 볼게요.

I'll use my special tool. 선생님이 아주 특별한 도구를 쓸 거

예요.

A stethoscope to listen to your body. 너의 몸 속 소리를 들을 수 있는 청진기!

Take a big breath in and out. 숨을 크게 들이쉬고 뱉어 보세요.

There's no problem. 이상 없네요.

You're fine. 괜찮습니다.

Your heart, lungs, and tummy sound happy and strong. 심장 소리, 폐 소리, 배 소리 모두 좋아요.

I hear a rumble in your tummy. 배에서 꾸르꾸륵 소리가 나네요.

엘리쌤의 한마디   청진기를 대면서 "숨을 들이쉬고, 뱉고"를 더 간단하게 하고 싶다면? "Breathe in and out." 소리를 들어 보니 "모두 좋고 정상이다"를 더 짧게 하고 싶다면? 'happy and strong'과 같은 표현을 적극 활용하셔서 똑같은 병원 놀이를 해도 아이를 좀 더 노련하게 잘 다루는 의사 선생님으로 변신해 보세요.

귀와 목 살피기

Let me check your ears and throat. 귀랑 목 좀 볼게요.

Let me look inside your ears and throat. 귀랑 목 좀 볼게요.

Can you hold still? 가만히 있어 줄래요? 움직이지 마세요.

Open wide and say 'ahh.' 입 크게 벌리고 아~ 하세요.

It looks perfectly healthy. 아주 멀쩡합니다.

No signs of inflammation or infection. 염증이나 감염은 없어요.

I see some redness and swelling. 좀 빨갛고 부었네요.

But it's no biggie. 큰 문제는 아니에요.

No biggie! 괜찮습니다.

You will get better soon. 금방 좋아질 거예요.

I pinky-promise. 새끼손가락 걸고 약속!

주사 및 진료 마무리

I'm going to give you a shot. 주사 놓을게요.

It's like a tiny pinch. 살짝 따끔해요.

It might sting a tiny bit. 살짝 따끔해요.

I'll make it quick. 얼른 놔 줄게요.

I'll be super gentle. 살살 놔 줄게요.

Done done! 주사 끝!

You did it. 잘했어요!

You were so brave, kiddo. 아주 용감했어요, 우리 꼬마 친구.

Here's your special treat for being a superstar. 주사 잘 맞은 어린이에게 주는 사탕이에요.

엘리쌤의 한마디   지금까지 '주사를 놓다' 한 문장으로만 끝나는 병원 놀이를 하셨다면, 이제는 친절한 의사 선생님이 되어 보다 구체적인 표현을 말할 수 있을 거예요. 살짝 따끔할 거라 미리 알려도 주고, 빨리, 아프지 않게 살살 놔 주겠노라 달래 주다 보면 더욱 풍성한 놀이가 됩니다. 끝나고 나서 주는 사탕이나 스티커 등의 선물도 잊을 수 없지요.

감기 증상 설명하기

I have a fever. 열이 나요.

I feel hot. 몸이 뜨거워요.

I caught a cold. 감기 걸렸어요.

I came down with a cold. 감기 걸렸어요.

I have the flu. 독감 걸렸어요.

코, 목, 눈의 증상을 설명하기

I have a runny nose. 콧물이 나요.

I have a stuffy nose. 코가 막혀요.

I have a sore throat. 목이 따끔해요.

My throat hurts. 목이 아파요.

It hurts when I swallow. 삼킬 때 아파요.

I have pink eye. 눈이 충혈됐어요.

I woke up with pink eye this morning. 아침에 일어나니 눈이 충혈되어 있었어요.

I have eye boogers. 눈꼽이 껴요.

I have gooey stuff coming out. 끈적하게 눈꼽이 껴요.

My eyes feel itchy. 눈이 가려워요.

My eyes feel funny. 눈이 좀 불편해요.

엘리쌤의 한마디 증상을 설명할 때는 다음 대표 동사들만 기억하세요! 'Have', 'feel'.

배의 증상 설명하기

I have a stomach ache. 배가 아파요.

I have a tummy ache. 배가 아파요.

My tummy hurts. 배가 아파요.

I have cramps. 배가 쿡쿡 쑤셔요.

I have diarrhea. 설사를 해요.

I threw up. 토했어요.

I vomited earlier. 아까 토했어요.

엘리쌤의 한마디 똑같은 '토하다'라도 차이를 알고 써 보기로 해요. 일반적으로 토하다는 'vomit', 'throw up', 'puke'의 3가지 동사가 있어요. 가장 중립적이며 기본적인 표현은 vomit입니다. Throw up은 보다 캐주얼하고 일반적인 대화에서 널리 쓰이는 무난한 표현이고요. 그렇다면 puke는 어떨까요? 가장 격의 없는 표현이랍니다! 그렇다면 웃어른에게는 puke보다는 throw up, vomit를 쓰는 것이 낫겠지요?

찰과상 설명하기

I fell and scraped my knee. 넘어져서 무릎이 까졌어요.

I fell and got an ouchie (a boo boo) on my knee. 넘어져서 아야 했어요.

I will kiss it better. 안 아프게 호~ 해 줄게.

주사 맞을 때 감정 표현하기

I don't want to get a shot. 주사 맞기 싫어요.

I'm scared. 무서워요.

I'm scared of shots. 주사 맞는 거 무서워요.

Will it hurt? 그거 아파요?

 Book & Nudge

병원 놀이는 아이들의 실제 삶을 그대로 반영하는 역할 놀이이지요. 넛지영어 표현을 통해 뼈대를 세우셨다면, 책을 통해 더욱 다양한 어휘와 표현으로 확장해 볼 시간입니다. 상호 작용을 유도하는 놀잇감으로 구성된 책들도 시중에 많이 나와 있기 때문에 적극 활용해서 영어는 물론 병원과 친해지는 시간도 마련해 보세요.

『**The Boo-Boo Book**』 By IglooBooks, Rose Harkness
상처를 치료하는 방법을 순서대로 알려 주는 step-by-step 가이드와 반창고 스티커로 이루어져 있는 책이에요.

영어로 간단한 상처의 처치 방법을 알려 주고 싶은 분들에게 매우 유용합니다.

문장 맛보기   Charlie's mommy kisses the boo-boo better.

『Kiss Baby's Boo-Boo』 By Karen Katz

'Kiss'는 아이의 상처나 아픈 곳에 뽀뽀해 줄 때는 물론이고 아프고 속상하고 놀란 마음을 보듬어 줄 때 쓸 수 있는 단어입니다. 머리를 부딪혔을 때, 팔꿈치를 부딪혔을 때 흉내를 내며 아이와 신체적 상호 작용을 나누기에도 더할 나위 없는 사랑스러운 책이랍니다.

문장 맛보기   Baby thumped his elbow! Wahh! Who will kiss baby's boo-boo?

『We're Going to the Doctor』 By Campbell Books

병원에 갔을 때 마주하는 가장 기본적인 표현들을 모두 다루고 있는 조작 북입니다. 병원 놀이를 더욱 실감나게 만들어 줄 표현이 가득하답니다. 특히 병원 방문을 두려워하는 아이에게는 방문 전 충분히 반복하여 읽어 주세요. 병원에 대한 두려움을 줄여 주는 데도 큰 도움이 되는 책이에요.

문장 맛보기 Billy needs an injection and Nell has a sore throat.

『Leo Gets Checkup』 By Anna McQuinn, Ruth Hearson

영유아 검진 가기 전, A~Z까지 플로우를 한 번에 살펴볼 수 있는 책입니다. 의사 선생님을 만나는 상황은 물론이고 병원을 방문하기 전 먹고, 놀고, 정리하고, 준비하는 아이의 생활을 모두 다루고 있어 공감을 불러일으키지요. 배워 갈 표현 또한 아주 많답니다.

문장 맛보기 It is Leo's turn. Leo's heart sounds great.

④ 실외 놀이: 놀이터

아이들 놀이의 꽃은 단연코 놀이터지요. 넛지영어에서는 놀이터의 놀이 기구 명칭을 비롯하여 놀이터에서 부모가 가져야할 자세를 바탕으로 다양한 표현을 배워 볼 거예요. 그냥 "그네 탈래?", "'몇 번 밀어 줄까?"에서 멈추면 넛지영어가 아니지요.

놀이 기구 이름을 알았다면 어떻게 타고 놀면 되는지 필수 동사들도 살펴보아야겠지요. 놀이터 동사에서는 전치사가 특별히 중요합니다. 동사 하나만으로도 표현할 수 있지만 전치사가 연결되었을 때 아이는 동작의 위치 변화와 움직임을 훨씬 더 정확하고 직관적으로 이해할 수 있게 됩니다. 우리는 비록 시험을 위하여 달달 외우던 전치사지만, 아이들은 놀이터에서 놀면서 자연스럽게 체득할 수 있겠죠. 긴 문장 만들지 않고 동사와 전치사만 붙여 말해 줘도 충분해요. 부모에게는 부담이 줄고, 아이는 따라 하기 쉬워집니다.

이렇게 신나게 뛰어노는 가운데 아이들은 신체적 자극도 받지만, 위험을 파악하고 문제 상황을 해결하며 인지 능력도 발달하게 됩니다. 그뿐인가요. 타인과 물건을 공유하고 나누는 법, 차례를 지키는 법, 양보하고 협동하는 법 등의 사회성 발달까지 두루 도모할 수 있으니, 이것이 꿈과 환상의 나라 아니겠어요.

넛지영어

물론 기다리기 힘들어 울고, 친구랑 다퉈서 울고, 집에 가기 싫어 목 놓아 우는 상황도 마주하게 됩니다만, 그래도 놀이터는 긍정 강화를 통한 아이의 신체적, 정신적 발달을 도모할 수 있는 가성비 최고의 장소입니다.

우리 분명히 신나게 놀자고 나갔건만, 나도 모르게 "위험해", "그거 더러워. 지지", "엄마가 하지 말랬지"와 같은 말만 래퍼빙의하여 외치고 있진 않았나요? 어디로 튈지 모르는 아이를 바라보는 부모의 입에서는 죄다 부정어, 금지어, 귀여운 협박 멘트가 튀어 나옵니다. 물론, 그 기저에는 아이가 다칠까 봐 걱정하는 마음, 사랑하는 마음이 깔려 있지요. 이제는 아이의 시도 의지를 꺾는 단순 지시와 명령을 벗어나 적정한 한계를 설정하고, 대안을 안내하고, 선택의 자유를 주는 표현들을 배워 보겠습니다. 이제 구체적이지 않을 뿐더러 문제를 해결해 주지 못하는 단순 금지어 대신, 부모의 권위는 유지하되 아이가 스스로 움직이도록 돕는 표현을 채워 넣을 시간입니다. 놀이를 통해 아이의 자립심과 자율성이 자라는 기쁨을 함께 맛보시기 바랄게요!

Play like you mean it! Play safe, everyone!

FLOW 따라가며 배워요

놀이터 대표 놀이 기구 16가지

Swing 그네

Slide 미끄럼틀

Open slide 개방형 미끄럼틀

Tube slide 원통형 미끄럼틀

Seesaw 시소

Monkey bars 구름사다리

Bars 철봉

Spring rider 스프링 달린 탈 것

Rocking horse 흔들목마

Balance beam 균형대

Climbing wall 클라이밍

Noodle climber 그물 사다리

Sandbox 모래놀이 공간

Playhouse 장난감 집

Rope bridge 흔들다리

Pole step 디스크형 발판 스텝

넛지영어

놀이터 필수 동사 12가지

Slide down 미끄럼틀을 내려오다

Rock back and forth 앞뒤로 흔들다

Bounce up and down 위아래로 움직이다

Ride 타다

Go on 타다

Hold 잡다

Push 밀다

Get off 내리다, 내려오다

Climb 기어오르다, 올라가다

Get down 내리다, 내려오다

Hang 매달리다

Move across 가로질러 움직이다

본격 놀이 시작 전 부모의 말! 놀이터 규칙 알려 주기

Ok, sweetie. Remember. 자, 아가, 잘 기억하렴.

Playground rules. 놀이터 기본 규칙이야.

We share. We take turns. We don't push others. 나눠 쓰고, 차례 지키고, 남을 밀지 않아.

Share. Take turns. No pushing! 나눠 쓰고, 차례 지키고,

남 밀기 없기!

놀이 기구 탈 때 기본 표현과 시범 보여 주기

Do you want to try that one? 저거 타고 싶어?

Do you want to go on the swing? 그네 타고 싶어?

Do you want to go on the seesaw? 시소 타고 싶어?

Watch me. I'll show you how it's done. 잘 봐. 어떻게 타는 건지 시범 보여 줄게.

정말 많이 쓰이는 표현만 모아, 그네 타기

Let me help you. 도와줄게.

Let me help you sit on the swing seat. 그네 앉는 거 도와줄게.

Hold on tight. 꼭 잡으렴.

I'll give you a push. 밀어 줄게.

I'll give you a gentle push. 살살 밀어 줄게.

I'll give you a big push. 세게 밀어 줄게.

Are you ready? 준비됐나요?

Ready? 준비~?

One, two, three, up to the clouds we go! 하나, 둘, 셋,

구름까지 슈웅~!

Here we go! 갑니다, 출발~!

Ready for takeoff? 날아갈 준비 됐나요?

Higher, higher! 더 높이 더 높이!

Want to go higher? 더 세게 밀어 줄까? 높이 올라갈래?

Up, up and away! 위로, 위로 간다!

엘리쌤의 한마디   영어가 처음부터 입에서 떨어지지 않는다면 동사부터 3회씩 반복해 보세요. 그러다가 조금씩 익숙해지면 자신감 장착하시고 표현을 확장해 볼게요. 그네 탈 때를 예로 들어 볼까요? 처음에는 밀어 주면서 "push, push, push"로 시작했다가 살살 또는 세게 밀어 주며 "gentle push/big push"로 살을 붙여 보세요. 그 다음에는 "I'll give you a push"로 동사까지 더해 보고, 조금 더 익숙해지면 "I'll give you a gentle/big push"로 나아가는 거예요.

차례 양보와 귀가 시 필요한 자기 조절력 키워 주기

Hey, darling. There are other kids waiting for the swing, too. 아가, 다른 친구들도 그네 타고 싶어 기다리네.

How about we do 10 more pushes and give everyone a chance to have fun? 열 번만 더 타고 친구들도 탈 기회를 주는 게 어떻겠니?

Hey darling. Other kids are waiting, too. 아가, 다른 친구들도 기다리네.

How about 10 more pushes? 열 번만 더 타는 거 어때?

How many pushes do you want? 몇 번 밀어 줄까?

Ok, then. Let's do 10 more pushes. 그래 그럼. 열 번만 더 밀자.

It's time to go home. 이제 집에 갈 시간이야.

It's time to leave. 이제 집에 갈 시간이야.

I know it's hard to leave but we will come back another day. 집에 가기 싫은 마음 알아. 다른 날 또다시 오자.

엘리쌤의 한마디 '기다리는 친구들을 위해 그네에서 내린다'는 것은 자기 중심적인 사고를 하는 유아기 아이들에게 굉장히 어려운 일입니다. 아이 입장에서는 아직 충분히 타지 못했는데 "빨리 내려"라고 하면 짜증과 울음 버튼이 터지곤 하죠. 넛지영어에서는 친구들이 기다리는 상황을 인지시키고, 서로가 만족할 수 있는 합의점을 찾아나가는 표현들을 건네 보기로 해요. 백 번 타겠다는 아이에게는?
10, 20, 30……처럼 10의 배수로 세어 주는 센스를 발휘해
봐요!

부모가 제일 많이 하는 말 5가지

Be careful. 조심해.

Watch out. 조심해.

Don't do that. 하지 마.

I told you not to do that. 그거 하지 말라고 했어.

Don't eat that! 먹으면 안 돼.

한계 설정과 자유를 허락하는 부모의 말

Play safe. 조심히 놀자.

We slide down the slide instead of walking up it.
미끄럼틀은 올라가는 게 아니라 타고 내려오는거야.

We slide down, not up! 미끄럼틀은 거꾸로 올라가는 게 아
니라 타고 내려오는 거야.

Walking up the slide can be dangerous. 거꾸로 올라
가면 위험할 수도 있어.

Slide down feet first! 발부터 먼저 내려와라.

Feet first, honey. 아가, 발부터.

Face upward. 얼굴 위로하고 (내려와).

Eyes forward. 앞을 보렴.

Do you feel safe there? 거기 안 무서워? 괜찮아?

I'm here if you need me. 엄마(아빠)가 옆에 있어.

Take your time. 천천히 해도 돼.

Slow down. Remember the time you got hurt? 천천히~ 저번에 다쳤을 때 기억나?

That wasn't fun, right? 썩 유쾌한 경험은 아니었어.

Hold on tight with both hands. 두 손으로 꽉 잡자.

Use both hands. 두 손으로!

Keep sand out of your mouth. 입에 모래 넣지 말자.

Don't put sand in your mouth. 입에 모래 넣지 말자.

Keep it out of your mouth! 그거 입에 넣지 마.

It's not safe to eat. 먹으면 안 돼. (안전하지 않아, 아파.)

엘리쌤의 한마디 "안 돼"라는 말을 쓰면 무슨 큰일이 나는 것은 아니지요. 육아하면서 "안 된다"는 말을 해야 하는 경우가 얼마나 많나요. 다만 실질적인 행동의 변화를 불러오지 않는 무분별한 부정어의 남발을 줄이고 아이가 취할 수 있는 구체적인 행동을 안내하는 데 우리의 초점을 맞추는 노력은 필요해요. "Don't"를 쓰지 않고서도 쓸 수 있는 표현들, 생각보다 많지요?

 ## Book & Nudge

놀이터는 아이가 신나게 에너지를 발산하는 장소이자 친구 관계를 통해 사회적 기술을 배우는 곳이지요. 나가서 놀이터 영어를 써 보고 싶은데 생각만큼 잘 안 되거나, 더욱 다양한 표현을 책으로 한 번 더 만나고 싶은 분들을 위해 함께 연계하면 좋을 책들을 소개합니다. 놀이터에서 뿐만 아니라 기관 생활을 시작한 아이들이 원만한 친구 관계를 위해 반드시 배워야 할 내용들을 다루고 있어 매우 유용할 거예요.

『Sharing Time』 By Elizabeth Verdick

아이들이 친구와 다투는 가장 큰 이유는 바로 자기 중심적인 사고 때문이에요. 이 시기 아이들에게는 양보와 배려가 아직 어렵기 때문입니다. 그렇기에 평소에 '나눔'에 관한 책을 읽어 주며 계속 상황을 알려 주는 것이 중요합니다. 특히 이 책은 '어떤 것은 나누기 어렵다'며 아이가 나누는 것이 쉽지 않음을 공감해 준다는 점에서도 추천할만 합니다.

문장 맛보기 Some things are hard to share. He might break it. Mine!

『**Learning to Share**』 By Meredith Rusu

추후 애니메이션과 연계하기 좋은 생활 영어 표현이 가득한 책입니다. 넛지영어 회화 표현과도 딱 들어맞지요. 대표적인 놀이 기구 명칭과 동작 동사, 자주 쓰이는 회화 표현을 배우며 나눔도 알려 줄 수 있습니다. 자신의 공룡을 나누기 싫어 빼액 우는 'George'의 모습은 우리 아이와 공감대를 형성하고, 책 속 주인공들이 어떻게 슬기롭게 문제를 해결하는지 살펴볼 수 있어 읽는 부모에게도 큰 도움이 될 거예요.

문장 맛보기 Higher! Not too high, George! George smashes Richard's sand castle with his shovel!

『Little Dinos Don't Hit』 By Michael Dahl

감정 조절이 서툴고 언어 발달이 미숙한 아이들은 으레 손이 먼저 나갑니다. 이 책에서는 친구뿐만 아니라 가까운 사람들 모두를 때리지 말 것을 간결하고 명확한 어조로 이야기하고 있어요. 남을 돕기 위해 손을 사용하라는 멋진 메시지도 전달하고 있답니다.

문장 맛보기 You have lots of ENERGY, Little Dino! Use your hands to help!

『No Hitting!』 By Karen Katz

화가 났을 때 때리고, 소리 지르고, 발을 구르고, 동물을 괴롭히는 행동을 대신할 바람직한 대안을 제시해 주는 멋진 책이에요.

문장 맛보기 I'm mad! I want to hit my baby brother. That's not okay, but I can…… hit some pots and pans. BANG, BANG, BANG!

4부

더욱 풍성한 영어 노출 환경은
이렇게 꾸며 보세요

넛지영어 한마디,
그 이후는?

넛지영어는 0~7세 영유아기 아이들을 위한 영어 노출 로드 맵을 3단계로 제시합니다. 1단계는 자기 주도적으로 영어를 즐기는 아이를 만들기 위해 아이를 존중하는 마음을 꽉꽉 눌러 담은 먹놀잠 육아 영어 표현과 아이의 언어 발달 과정과 습득에 대한 본질적인 고민을 일상 속 놀이에 담은 놀이 영어 표현 건네 주기였어요. 그렇다면 2단계와 3단계는 뭘까요? 양질의 영어 그림책과 영어 동영상으로 풍부한 표현과 언어 고유의 즐거움을 맛보게 해 주기랍니다. 이 3단계가 적절히 버무려지면 부모가 만들어 줄 수 있는 영어 노출 환경은 완성입니다.

영어 노출에 있어서 말 걸기 외에 강력하게 추천하는 활동은 영어책 읽어 주기입니다. 절대적으로 영어 영상 노출보다 영어 그림책 노출이 먼저입니다. 미국 소아과학회(AAP)는 24개월 미만 아이들에게 전자 기기 및 영상 노출을 금할 것을 권고하고 있습니다. 수많은 뇌 발달 전문가들도 이 시기 아이들에게 영상물을 통한 지나친 자극을 최대한 피하라고 소리 높여 말합니다. 24개월 이전 아이들의 영상 노출을 주의해야 하는 이유는 앞서 말씀드렸던 아이의 뇌 발달과 관련이 깊습니다. 만 3세 이전 아이들의 뇌는 가장 많은 발달을 이루어 내기 때문에, 일상 속 풍부한 오감 자극과 상호 작용, 이를 통한 애착 형성과 정서 챙김이 중요합니다.

그런데 이 시기에 영어 소리 노출 하나를 위해 영상을 보여 주는 것은 주객이 전도된 것이 아닐까요? 이 시기에 미디어를 통한 수동적이고 일방향적인 형태가 아니라 실제 환경 속에서 부모와 타인과의 상호 작용 경험을 통해 아이의 뇌는 폭발적으로 발달하게 됩니다. 이 사실을 마음 깊이 이해하면, 최소한 만 24개월 이전까지는 보수적인 자세를 취하게 되실 거예요. 저 또한 24개월 이후에 아주 가끔씩 5분 정도, 매우 정적인 영상을 노출해 준 적이 있습니다만, 어느 순간 이 중요한 시기에 귀를 뚫어 주겠다는 명목하에 정말이지 '꼴랑 5분'을 보여 주는 것이 큰 의미가 없다는 생각이 들었지요. 심지어 꾸준히 보여 주는 것도 아니고 간 보는 느낌으로 보여 주었기에 유의미한 아웃풋을 위한 인풋이 아니라고 판단했습니다. 이 시기 인지 발달에 도움이 될 만한 내용인 사물의 이름, 색깔, 모양, 촉감, 의성어, 의태어 등은 책으로도 충분히 얻을 수 있었습니다.

아이가 세상에서 가장 사랑하는 부모의 목소리로 듣는 일상 회화 한두 마디와 부모 품 안에서 함께 온기를 나누며 읽는 잠자리 책 한 권! 만 3세 전에는 이 두 가지만으로도 시기에 맞는 고른 자극을 줄 수 있습니다.

다시 한 번 넛지영어의 로드맵과 부모 노력의 상관관계를 간단히 설명할게요. 넛지영어 로드맵은 회화와 영어 그림책, 영상물의 3박자를 적절히 활용하되 첫 단추인 일상 회화를 위한 노력은 딱 1할만 하자는 것입니다. 하지만 두 번째 단추인 영어 그림책은 7~8할의 노력이 필요합니다. 그럴 수밖에 없는 것이, 우리가 완벽한 영어를 구사하는 원어민이 아닌 이상, 양질의 어휘와 표현은 영어 그림책에서 습득하는 것이 맞습니다. 생활 회화는 일상 위주로 한정되지만 (사실 그래서 우리가 도전해 볼 만한 이유가 되지만) 그림책은 우정, 자신감, 사랑, 이별과 같은 인간관계와 수반되는 다채로운 감정을 노래하고, 호기심, 모험심, 상상력을 자극하는 새로운 세계로 아이를 이끕니다. 그 가운데 딱히 어렵지는 않지만 그렇다고 들어 본 적은 없는 영어 표현들을 만나게 되는 거지요. 그런데 말입니다! 영어 그림책을 읽으면 좋다는 이야기는 수많은 선배 부모들의 경험담을 통해 익히 알고 있는데, 문제는 어떻게 아이를 스스로 책을 찾게 만드느냐는 거지요.

영어 그림책을 찾는 아이가 되려면 책이 놀잇감이라는 공식이 아이의 뇌 회로에 자리 잡아야 합니다. 그렇다고 극단적으로 주변의 모든 장난감을 완전히 치우는 분은 없을 테지요? 엄마, 아빠도 숨 좀 돌리고 살아야 하는데 수도원 같은 환경을 만들어 살 수는 없는 노릇입니다. 발달에 맞는 적당한 자극의 놀잇감은 준비해 두되, 아이의 시선이 닿는 곳, 손길이 닿는 곳마다 책을 놔두어야 합니다. 말 그대로 배밀이 하다가 손끝에 얻어걸리고, 국민 체육관에서 신나게 발차기를 하다가도 그 발 끝에 책이 차이도록요. 조금 더 나아가 아이가 피셔 프라이스사의 러닝 홈(일명 '국민 문짝')의 빨간 대문을 밀고 기어갔더니 그 너머에 엄마가 활짝 웃으며 책을 들고 있다든지 하는 연출도 양념처럼 해 보고요. 저는 아이의 신생아 시절 헝겊 책 몇 권을 실제로 이렇게 활용해 본 적도 있습니다.

효과 Up되는
영어 그림책 읽기

　　제 경험상 가장 효율적인 책 읽기 방법은 아이와의 스킨십을 적극 활용한 감각적 책 읽기였습니다. 애착 책을 만드는 치트 키이기도 하지요.

　　"아, 나는 발음도 별로고, 동화 구연 하듯이 연기하는 건 생각만 해도 닭살 돋는데……" 소리가 절로 나온다면 너무 걱정하지 않으셔도 됩니다. 스킨십과 오감을 활용한 영어 그림책 읽어 주기는 어마어마한 스킬보다 아이가 가장 좋아하는 엄마, 아빠의 목소리가 훨씬 중요하기 때문이에요. 여기에 약간의 손짓, 몇 가지 표정, 신체 동작 몇 가지를 곁들이면 끝이랍니다. 영어 그림책의 내용에 따라 과일, 인형, 동물 피규어 등의 구체물을 준비하면 더욱 유의미한 노출이 가능하지요. 다음은 저희 아이가 분유 냄새 나는 꼬물이 시절부터 실천해 온, 발화로 이어지는 책 활용법입니다.

① 어휘력을 끌어올리는 파워 업 리딩

우리말은 '주세요', '가져오세요', '앉으세요'처럼 동사가 주를 이룬 의사 표현이 많지만, 영어에서는 어떤 대상, 즉 명사를 강조합니다. 그래서 아이에게 처음 영유아용 책을 읽어 줄 때는 어휘 노출과 보다 효율적인 이해를 도와주기 위하여 다음과 같이 오감을 활용하는 방법을 적극 활용했습니다.

오감을 활용하는 이유는 간단합니다. 아이가 새로운 언어를 말로 표현하려면 그전에 먼저 해당 단어를 이해하고 있어야 하는데, 오감을 활용하여 표현을 익히는 것만큼 영유아 시기에 효율적인 언어 습득 방법이 없기 때문이에요. 단순히 표현을 듣는 것에서 그치지 않고 해당 표현과 상응하는 구체물을 연결시켜 주면, 아이는 훨씬 쉽게 이해하고 습득할 수 있습니다.

1. 구체물 준비하기

플래시 카드, 그림 사전, 사물이 주로 나오는 그림책, 과일

모형 또는 실제 과일, 동물 피규어나 인형, 그 외 집에서 찾을 수 있는 실제 사물

2. 단어 읽어 주며 구체물과 연결하기

책 속 단어 천천히 읽어 주며 대상 탐색의 시간 주기 (예: apple-사과 만져 보기, 냄새 맡기, 크기가 다른 사과 굴려 보기, 먹기 등)

3. 짧지만 완전한 문장 들려주기

Apple→ It is an apple.→ It's a red apple.

위의 방법으로 사물의 이름을 익히기 시작했던 제 아이가 13개월 무렵, "mommy"를 제외하고 가장 먼저 뱉은 단어가 "apple"이었습니다. 주변에 있는 구하기 쉬운 사물을 적극적으로 활용하며 오감을 자극시키는 방법은 영어 단어를 익히는데도 도움이 되지만, 아이의 세상에 대한 호기심을 충족시키고 알고자 하는 욕구를 채워 주는 데 더 큰 도움이 되었습니다. 이 외에도 촉감 놀이는 장점이 아주 많지요. 다양한 사물을 만지며 감각을 발달시키고, 미각, 후각, 시각 등을 활용하여 놀이를 하는 가운데 눈과 손의 협응력 또한 강화됩니다. 가정에서 쉽게 찾을 수 있는 재료로 촉감 놀이를 하면서 '사물의 이름 한 단어'→ '짧고 완전한 문장 들려주기' → '사물의 속성을 설명하는 짧은

문장 들려주기'를 얹어 보세요. 대표적인 촉감 놀이템과 문장은
아래에 정리해 두었어요.

대표 촉감 놀이템

두부

Toofu 두부

It's tofu. 이건 두부야.

Touch the tofu. 두부 한번 만져 보자.

It's soft. 두부는 말랑해.

Squish, squish, squish! 두부를 눌러 으깨 보자.

미역

Seaweed 미역

It's seaweed. 이건 미역이야.

Feel the seaweed. 미역 한번 만져 보자.

It's wet and slippery. 미역이 미끌미끌해.

밀가루

Flour 밀가루

It's flour. 이건 밀가루야.

It's white. 밀가루는 하얀색이야.

Feel the flour. 밀가루 한번 만져 보자.

It's soft. 밀가루는 부드러워.

바나나

Banana 바나나

It's a banana. 이건 바나나야.

It's yellow. 바나나는 노란색이야.

Peel the banana. 바나나 껍질 벗겨 보자.

It's smooth. 바나나는 부드러워.

Mash, mash, mash! 바나나를 으깨 보자.

요거트

Yoghurt 요거트

It's yoghurt. 이건 요거트야.

Stir the yoghurt. 요거트를 저어 보렴.

It's creamy. 요거트는 부드러워.

쌀

Rice 쌀

It's rice. 이건 쌀이야.

Touch the rice. 쌀 한번 만져 보자.

It feels tiny. 알갱이가 작지.

콩

Beans 콩

These are beans. 이건 콩이야.

Feel the beans. 콩 한번 만져 보자.

They are hard. 콩은 딱딱해.

② 행동으로 익히는 동사 파워 업 리딩

아이는 표현 언어보다 수용 언어가 먼저 발달하지요. 그래서 '우리 아이가 영어를 한마디도 안 하는데, 알아듣고 있는 건지 모르겠네' 싶을 때는 간단한 지시를 영어로 해서 이해 여부를 파악할 수 있습니다.

우리는 주로 동사를 활용하여 지시를 내립니다. "가져오렴",

"먹으렴", "양치하렴", "~을 주렴", "앉으렴", "옷 벗으렴"처럼 우리 부모가 매일 반복하는 대부분의 말들은 아이에게 행동을 요구하는 동사랍니다. 여기서 중요한 포인트는 아이의 발화가 일어나기 전에 반드시 모방이 이뤄져야 하는 것입니다. 다시 말해, 아이가 일상에서 해야만 하는 일련의 활동들을 영어 소리로 듣고, 자신이 몸소 움직이고 실천하며 자기 것으로 만드는 시간이 반드시 필요합니다. 그 소리가 아이의 모방을 유도하는 재미있고 흥미로운 소리라면 금상첨화겠지요. 영어 그림책에서 매우 빈번하게 만날 뿐만 아니라 행동으로 보여 주며 상호 작용을 유도하기 좋은 대표적인 동사 리스트를 소개해 보겠습니다. 참고하셔서 어휘가 몸으로 익숙해지도록 도와주세요.

Run 달리다

Jump 뛰다

Hop 깡충 뛰다

Eat 먹다

Drink 마시다

Sleep 자다

Read 읽다

Write 쓰다

넛지영어

Sing 노래하다

Dance 춤추다

Draw 그리다

Look 보다

See 보다

Hear (주의를 기울이지 않아도 들리는 소리) 듣다

Listen (주의를 기울여 듣는 소리) 듣다

Talk 말하다

Walk 걷다

Sit 앉다

Stand 서다

Smile 미소 짓다

Laugh 웃다

Cry 울다

Hold 잡다

Wash 씻다

Shake 흔들다

Clap 박수 치다

Touch 만지다

Push 밀다

Pull 당기다

Open 열다

Close 닫다

Throw 던지다

Catch 잡다

Build 쌓다

Kick 차다

Bounce 튀다

Crawl 기어가다

Slide 미끄러지다

제 아이가 어릴 적 이야기를 예시로 풀어 볼까요? 책에서
"토끼가 깡충 뛰었다"는 표현이 나오면, 저는 쪼그리고 앉아
"hop, hop, hop like a bunny" 하면서 시범을 보였습니다. 또
한 아이를 안고 발로 깡충 뛰어 그 감각을 익히게 도와주었지요.
"Open"이라는 동사가 나오면 책을 열어 보이는 것을 시작으로
일상에서 문을 열 때, 눈을 감았다 뜰 때, 양치하거나 밥 먹기 위
해 입을 아~ 하고 벌릴 때, 반복하여 들려주었어요. 즉, 처음에는
책 속의 내용을 바탕으로 동작을 이해할 수 있도록 돕습니다.
이후에는 같은 단어가 쓰이는 여러 가지 상황을 마주할 때마다

반복하여 노출합니다. 이러한 반복을 통해서 아이는 이해할 수 있는 어휘와 표현을 차곡차곡 쌓으며 "나도 아는 게 있어, 할 수 있어!"라는 성공 경험을 모으게 됩니다. 스스로 하고자 하는 아이의 내적 동기는 바로 이 성공 경험을 통해 맛보는 성취감에서 시작합니다.

③ 발화 초기, 흥미 싹 잡는 의성어·의태어 파워 업 리딩

의성어, 의태어, 그리고 감탄사는 유독 아이들이 즐거워하며 쉽게 따라합니다. 아이와 책을 읽을 때 아이의 반응이 가장 좋을 뿐만 아니라 상호 작용을 시도하기에도 유용하지요. '멍멍, 야옹, 꽥꽥, 꿀꿀, 히히힝' 같은 의성어나 '뒤뚱뒤뚱, 살금살금, 깡총깡총' 등 의태어는 소리 그 자체가 재미있기도 하지만 아이들이 발음하기 쉬운 운율을 가지고 있습니다. 책에서 특별히 자주 접하는 의성어와 의태어는 동물 소리입니다. 동물이 나오면 다음의 의성어 및 의태어를 조금씩 들려주세요. 아이가 영어 소리에 친숙해지면 동물 이름과 소리를 연관 지어 입 밖으로 꺼낼 수 있게 될 거예요.

Meow 야옹

Woof 멍멍

Quack 꽥꽥

Moo 음매

Baa 매애

Oink 꿀꿀

Ribbit 개굴개굴

Buzz 윙윙

Chirp 짹짹

Hiss 쉭쉭

Boom (무언가 터지거나 울릴 때) 쾅

Crash (무언가 부딪혔을 때) 쾅

Bang (무언가 터질 때) 쾅

Beep 삐

Ring 따르릉

Tick-tock 똑딱똑딱

Clang 쨍그랑

Clap 짝짝

Snap (손가락을 튕기며) 탁

Splash 첨벙

보다 깊은 독서로 퀀텀 점프!
단계별 체크 포인트

영어 그림책의 홍수 속에서 우리 아이에게 가장 잘 맞는 책을 고르고자 하실 때 다음 포인트를 적용해 보세요. 앞으로 그 어떤 새 책을 만나더라도 "아, 이런 식으로 적용하면 되겠다"는 자신감을 얻게 되실 거예요. 이러한 자신감 장착으로 지속적인 영어 환경 제공하기에 날개를 달아 보시기 바랍니다.

1단계: 아이 살피기

1. 아이의 현재 모국어 실력을 확인합니다.
2. 간단한 색, 모양, 숫자 등의 인지 관련 질의응답이 가능한지 살핍니다.

3. 생각을 요하는 사고력 질문에 대답이 가능한지 살핍니다.

책에 바로 들어가기 전, 다각도로 아이를 살펴 주세요. 아이의 현재 모국어 실력과 인지 능력, 언어 표현 능력을 넘어서는 무리한 영어 노출은 자제해야 합니다. 대신 조금은 만만해서 아이가 편하게 접근할 수 있는 수준부터 영어책 노출을 시작하시기 바랍니다. 이는 특히 모국어가 발달하여 영어에 호불호가 생긴 아이들에게 더욱 중요합니다. 이미 어느 정도 인지 발달이 이루어진 만 4~5세 이후 아이들은 글밥의 영향을 더 쉽게 받기 때문입니다. 상대적으로 영어 노출이 빠른 아이들이라면 만 4~5세에도 긴 줄글의 이야기책을 듣고 이해하는 힘이 자라 있기 마련입니다. 따라서 자녀의 영어 노출 기간과 성향, 그리고 책과의 궁합을 살피는 과정을 꼭 거쳐 주세요.

2단계: 책 살피기

1. 책의 내용이 아이의 공감 또는 관심을 불러일으킬 수 있는지 살핍니다.

2. 아이의 언어 이해 수준에 적당한 글밥인지 확인합니다.

3. 그림과 글이 얼마나 잘 매칭하는지 살핍니다. 글과 그림이 1:1로 매칭되어 있을수록 이해하기 쉽습니다.

4. 플랩, 슬라이더, 팝업 등 아이가 흥미를 가질만한 장치가 있는지 살핍니다.

5. 부모가 먼저 책을 읽어 내용을 숙지하고, 모르는 단어나 낯선 발음을 확인해 둡니다.

2단계에서는 무엇보다 부모가 먼저 책을 읽어 보고 내용을 알아 두는 것이 중요합니다. 영어 그림책 읽기의 효율을 2배 이상 쫙 끌어올려 주니까요. 어떤 부분을 어떻게 강조하면 우리 아이가 자지러질지 단 한 번이라도 연구하여 읽어 준다면 아이는 그 책을 좋아하게 되고, 자연스럽게 반복 독서할 가능성이 매우 높아집니다. 부모 또한 여러 번 읽어 주면서 책 속의 어휘와 표현이 점점 더 입에 익게 되어 책 읽어 주는 일에 부담이 줄어들지요. 부모는 이미 너무 다 알아서 지겹게 느껴질지라도 반복을 통해 아이는 탄탄한 신경망을 구성하여 머릿속에 두 언어의 방을 착실히 만들어 나갈 것입니다. 이렇게 애착 책을 만들어 두면 추후 스스로 읽는 연습을 할 때도 큰 도움이 됩니다. 아이가 평생 삶 속에 가져갈, 부모와의 진한 추억의 한 권으로 남는 것은 보너스이지요.

3단계: 질문 살피기

1. 직관적 질문

- 그림을 보고 간단하게 답할 수 있는 인지 관련 질문

- 그림을 보고 설명해야 하는 묘사가 필요한 질문

2. 사고력이 필요한 질문

- 왜 그랬을까? 아이의 생각(상상한 것)을 묻는 Why 질문

- 아이의 경험과 책의 내용을 연결하는 질문

- 감정을 묻는 질문

그림책을 보면서 아이에게 어떤 질문을 하면 좋을지 파악하기 위해, 위의 사항들을 미리 체크해 보세요. 새로운 그림책을 접할 때마다 그림 위주의 직관적 질문을 던질 것인지, 이유나 경험을 연결하는 사고력 질문을 던질 것인지 구분해 둡니다. 예를 들어 0~3세 시기에는 직관적인 질문을 통해 책 내용의 이해를 돕고, 적절한 발화를 유도하는 것이 더 효과적이겠지요.

넛지영어

나이별 추천 그림책 리스트

1. 0~18개월

헝겊 책, 촉감 책, 보드 북. 책을 장난감처럼 즐겁게 여기는 시기예요.

Look Look!
(by Peter Linenthal)

Baby Touch and Feel
(by DK)

Baby Touch and Feel
(by DK)

Touchy-Feely Books
(by Usborne)

Pat the Bunny
(by Dorothy Kunhardt)

The Very Hungry Caterpillar(by Eric Carle)

Baby Touch: Rescue Vehicles(by Ladybird)

First 100 Words
(by Priddy Books)

My Very First Book 시리즈
(by Eric Carle)

My Very First Book 시리즈
(by Eric Carle)

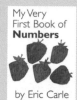

My Very First Book 시리즈
(by Eric Carle)

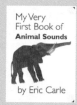

My Very First Book 시리즈
(by Eric Carle)

My First Touch and Feel
Picture Cards(by DK)

Peek-a-WHO?
(by Nina Laden)

Moo, Baa, La La La
(by Sandra Boyton)

Around the Farm Sound
(by Eric Carle)

2. 18~36개월

보드 북, 조작 북, 사운드 북, 팝업 북

단순한 그림 위주에서 살짝 더 살이 붙은 스토리가 있어요.
자신과 가족, 친구 등 주변과 일상에 관련된 생활 동화 비중이 커지기 시작해요.

Karen Katz 플랩 북 시리즈
(by Karen Katz)

Karen Katz 플랩 북 시리즈
(by Karen Katz)

Karen Katz 플랩 북 시리즈
(by Karen Katz)

Karen Katz 플랩 북 시리즈
(by Karen Katz)

Leslie Patricelli 보드 북
시리즈(by Leslie Patricelli)

Leslie Patricelli 보드 북
시리즈(by Leslie Patricelli)

Leslie Patricelli 보드 북
시리즈(by Leslie Patricelli)

Leslie Patricelli 보드 북
시리즈(by Leslie Patricelli)

Maisy 보드 북 시리즈
(by Lucy Cousins)

Maisy 보드 북 시리즈
(by Lucy Cousins)

Maisy 보드 북 시리즈
(by Lucy Cousins)

Maisy 보드 북 시리즈
(by Lucy Cousins)

Love You Forever
(by Robert Munsch)

Guess How Much I Love
You(by Sam McBratney)

Caroline Jayne Church
보드 북 시리즈
(by Caroline Jane Church)

Caroline Jayne Church
보드 북 시리즈
(by Caroline Jane Church)

Caroline Jayne Church
보드 북 시리즈
(by Caroline Jane Church)

Caroline Jayne Church
보드 북 시리즈
(by Caroline Jane Church)

Eric Carle 동물 보드 북
시리즈(by Eric Carle)

Eric Carle 동물 보드 북
시리즈(by Eric Carle)

Eric Carle 동물 보드 북
시리즈(by Eric Carle)

Eric Carle 동물 보드 북
시리즈(by Eric Carle)

217

Hello, World! 시리즈
(by Jill McDonald)

Hello, World! 시리즈
(by Jill McDonald)

Hello, World! 시리즈
(by Jill McDonald)

Hello, World! 시리즈
(by Jill McDonald)

Merry Christmas, Mouse!
(by Laura Numeroff)

It's Pumpkin Day, Mouse!
(by Laura Numeroff)

Happy Easter, Mouse!
(by Laura Numeroff)

Happy Birthday, Mouse!
(by Laura Numeroff)

Spot 시리즈
(by Eric Hill)

Spot 시리즈
(by Eric Hill)

Spot 시리즈
(by Eric Hill)

Spot 시리즈
(by Eric Hill)

**Pop-up Peekaboo!
Puppies**(by DK)

Beach Bugs
(by David Carter)

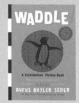

Waddle!
(by Rufus Butler Seder)

Press Here
(by Herve Tullet)

3. 만 4세 이상

보드 북, 조작 북, 사운드 북, 하드 커버

아이의 취향이 많이 드러나기 시작하는 시기예요.
단순한 묘사에서 더욱 촘촘하게 엮인 스토리, 기승전결이 뚜렷한 책을 읽어 주세요.

Llama Llama 보드 북
시리즈(by Anna Dewdney)

Llama Llama 보드 북
시리즈(by Anna Dewdney)

Llama Llama 보드 북
시리즈(by Anna Dewdney)

Llama Llama 보드 북
시리즈(by Anna Dewdney)

Don't Push the Button!
(by Bill Cotter)

Don't Touch This Book!
(by Bill Cotter)

Don't Shake the Present!
(by Bill Cotter)

Don't Push the Button!
(by Bill Cotter)

Knuffle Bunny 시리즈
(by Mo Willems)

Knuffle Bunny 시리즈
(by Mo Willems)

Knuffle Bunny 시리즈
(by Mo Willems)

Papa, Please Get the Moon for Me
(by Eric Carle)

Today is Monday
(by Eric Carle)

The Very Lonely Firefly
(by Eric Carle)

The Very Quiet Cricket
(by Eric Carle)

We're Going on a Bear Hunt(by Michael Rosen)

So Much!
(by Trish Cooke)

Go Away, Big Green Monster!(by Ed Emberley)

Glad Monster, Sad Monster(by Ed Emberley)

The Dot
(by Peter H. Reynolds)

Pete's a Pizza
(by William Steig)

Z is for Moose
(by Kelly Bingham)

Eating the Alphabet
(by Lois Ehlert)

Chicka Chicka Boom Boom(by Bill Martin Jr.)

The Watermelon Seed(by Greg Pizzoli)

Good Night Owl
(by Greg Pizzoli)

Pete the Cat _I Love My White Shoes
(by Eric Litwin)

How Do Dinosaurs Say
Good Night?(by Jane
Yolen & Mark Teague)

How Do Dinosaurs Eat
Their Food?(by Jane
Yolen & Mark Teague)

How Do Dinosaurs Go to
School?(by Jane Yolen &
Mark Teague)

How Do Dinosaurs Show
Good Manners?(by Jane
Yolen & Mark Teague)

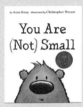

You Are (Not) Small
(by Anna Kang &
Christopher Weyant)

That's (Not) Mine
(by Anna Kang &
Christopher Weyant)

I Am (Not) Scared
(by Anna Kang &
Christopher Weyant)

We Are (Not) Friends
(by Anna Kang &
Christopher Weyant)

I Want My Hat Back
(by Jon Klassen)

We Found a Hat
(by Jon Klassen)

This is Not My Hat
(by Jon Klassen)

Circle
(by Mac Barnett)

Triangle
(by Mac Barnett)

Square
(by Mac Barnett)

4. 회화 표현 건져 올리는 영어 그림책들

미국 현지 아이들이 쓰는 자연스러운 표현을 익힐 수 있어 재미뿐만 아니라 발화 연습에도 도움을 주는 책들이에요.

Cat the Cat 시리즈
(by Mo Willems)

Cat the Cat 시리즈
(by Mo Willems)

Cat the Cat 시리즈
(by Mo Willems)

Cat the Cat 시리즈
(by Mo Willems)

Pigeon 시리즈
(by Mo Willems)

Elephant & Piggie
시리즈(by Mo Willems)

A Jack Book 시리즈
(by Mac Barnett)

A Jack Book 시리즈
(by Mac Barnett)

Benny and Penny 시리즈
(by Geoffrey Hayes)

Benny and Penny 시리즈
(by Geoffrey Hayes)

Benny and Penny 시리즈
(by Geoffrey Hayes)

Benny and Penny 시리즈
(by Geoffrey Hayes)

양질의 동영상으로
시너지 내기

양날의 검과 같은 영상 노출! 건강한 영상 노출의 전제 조건은 부모의 확실한 기준과 아이 발달에 대한 이해랍니다. 부모가 미디어에 대한 통제권을 확실히 쥐고 있어야 하는 것은 기본이지요. 아이의 자기 조절 능력이 발달하는 양상에 맞게 적절히 맺고 끊음을 할 수 있어야 "더 보네, 마네", "자꾸 그러면 다신 안 보여 주네" 하며 실랑이를 벌이는 비율이 뚝 떨어집니다. 처음 영상 노출을 시작하는 시기부터 가급적이면 예외를 만들지 말고 정해진 시간을 지키는 연습을 해 주세요. "이번 한 번만이야"는 무한 도돌이표가 되어 다음의 "이번 한 번만"을 부르기 십상입니다. 경험해 보신 분들은 아마 공감하실 거예요.

그런데 정해진 시간을 잘 지키다가도 무너지는 경우가 있습니다. 바로 아이가 아플 때입니다. 가정이나 병원에서 지내는 동안 심심해 하는 아이를 달래는 '특식'이죠. 또한 간호하며 지친 부모도 한숨 돌릴 수 있는 '효자템'임을 부인할 수 없습니다. 이런 경우에는 아이가 건강을 회복했을 때, 얼마나 그 상황이 특별했는지를 잘 인지시켜 주는 것이 중요합니다. 다시 약속한 시간으로 돌아오는 과정에서 아이는 분명 울고 불고 떼쓰며 칭얼거릴 거예요. 아이 입장에서는 당연한 일입니다. "그래 그럴 수도 있지. 보고 싶은데 못 봐서 참 속상하겠구나" 이해의 마음을 장착하되 부드럽지만 단호한 언행으로 우리 가정만의 영상 노출 기준을 세워 주세요.

영상 노출이 영어 소리와 의미의 연결 고리를 강력하게 만들어 준다는 점에는 의심의 여지가 없습니다. 단순히 영어 소리 노출 자체를 늘려서 나름의 아웃풋을 내고자 한다면, 하루 한 시간 이상의 영상을 노출하는 것만큼 부모의 노력이 가장 적게 들면서 효과적인 방법은 없을 것입니다. 영상 노출뿐만이 아니라 육아와 관련된 모든 결정은 부모의 가치관, 가정 내 교육 철학, 그리고 상황에 따라 제각각일 것입니다. "영어 그림책만 보여 줘도 된다", 또는 "영어 영상을 적극 활용해야 한다" 등 여러 전문가들의 의견은 그 무엇도 틀린 것이 없습니다. 각 가정의 상황에 맞게 비율을 조절하면 되고, 이것이 바로 부모표가 가진 장점이

넛지영어

되겠지요.

저희 가정의 경우, 아이가 24개월 무렵 첫 영상 노출을 시작했습니다. 그 무렵 처음 보여 준 영상은 단 5분에 불과했어요. 그 이유는 간단합니다. 영상보다 책이 훨씬 더 재미있는 것임을 확실히 알려 주고 아이 뇌 발달에 해가 되는 지나친 자극을 피하기 위해서였지요. 화려함이란 거의 찾아볼 수 없고, 화면 전환이 느린 영상을 단 5분이라도 보여 준 뒤에는 아이를 품에 안고 뒹굴며 책을 읽어 주고 함께 웃음을 나누는 시간을 꼭 보내려고 했습니다. 영상은 아무리 시청 중 상호 작용을 유도하는 콘텐츠라 하더라도 본질은 일방향 소통입니다. 따라서 아이 옆에서 최대한 함께 영상을 시청하고, 영상을 본 후에는 책으로 상호 작용을 마련하는 시간을 의도적으로 만들어야 합니다. 이후 저희 아이가 만 4세가 넘어가면서부터는 가족 모두가 함께 영화를 볼 때를 제외하고는 하루 30분에서 1시간 정도의 영상 노출 시간을 확보하고 있어요. 아이의 영어 노출을 위해 기왕 보여 줄 영상이라면 어떤 영상을 보여 주면 되는지, 그 기준과 리스트를 함께 나누어 보도록 하겠습니다.

추천 동영상 리스트

영어 노출이 처음이에요

마더 구스 클럽(Mother Goose Club)

마더 구스 클럽은 영어를 처음 배우는 아이들에게 매우 유용한 콘텐츠가 많습니다. 영미권 전래 동요인 마더 구스, 너서리 라임(nursery rhyme)을 통해 영미권 문화를 맛볼 수 있어요. 어린이들이 나와서 춤을 추는 영상이 많아서 애니메이션 캐릭터보다 실제 사람을 더 좋아하는 아이들에게 특히 추천합니다.

슈퍼 심플 송(Super Simple Songs)

간단하고 쉽게 따라 부를 수 있는 노래로 가득한 슈퍼 심플 송은 캐나다 선생님들이 만든 채널입니다. 기존의 호흡이 긴 노래, 어려운 가사를 아이들이 따라하기 쉽도록 쉽게 변형한 챈트와 노래가 많아 중요 영어 단어와 표현을 익힐 수 있답니다.

미스 레이첼(Ms. Rachel)

자세하고 친절한 설명과 발화를 차근차근 유도해 주는 구성으로, 영미권 아이들도 말을 배울 때 많이 보는 채널입니다. 다양한 상황에서 아이가 발화할 수 있도록 섬세하게 알려 주는 것이 특징입니다.

배움을 함께 얻고 싶어요

프리스쿨 프렙(Preschool Prep Company)

숫자, 도형, 색깔 등의 기본 인지 발달을 위한 개념부터 간단한 수 개념과 사이트 워드, 음가와 이중 자음, 음가 조합 등의 파닉스를 다루는 채널입니다. 영상 진행이 느리고 잔잔한 저자극 학습 영상이 많습니다.

잭 하트만(Jack Hartmann Kids Music Channel)

흥겨운 비트를 타며 온 몸으로 파닉스와 라임, 수 세기, 사이트 워드, 워드 패밀리 등을 고루고루 익힐 수 있는 채널입니다. 신나는 리듬 덕분에 일어나서 손뼉 치고 박자 타며 즐기는 영어를 도와줍니다.

씽잉 왈러스(The Singing Walrus)

경쾌하고 중독성 있는 멜로디로 아이들이 신나게 따라 부르기 좋은 영상이 방대한 채널입니다. 특히 'call and response' 방식으로 이루어져 아이의 적극적인 참여를 유도하고, 리드미컬한 질문과 응답을 통해 단어와 개념을 더 쉽게 이해할 수 있습니다.

알파블럭스(Alphablocks)

영국 BBC 어린이 교육 채널 중 최고입니다. 알파벳 캐릭터들이 각 알파벳의 고유 소리(음가)를 알려 주고 서로 조합되었을 때 어떤 소리가 나는지 차근차근 재미있는 에피소드와 노래로 일러 줍니다.

넘버블럭스(Numberblocks)

알파블럭스와 마찬가지로 BBC 방송의 인기 채널입니다. 1에서 20까지의 숫자부터 곱셈 개념까지 저절로 터득하게 도와준다는 간증이 많습니다. 숫자가 주인공이 되어 에피소드별로 수 개념을 풀어 주어 영어로 수학을 배우기 알맞습니다.

리틀 아인슈타인(Little Einsteins)

디즈니에서 만든 애니메이션으로 과학뿐만 아니라 세계의 문화를 명곡, 명작, 명화 등과 엮어 풀어냅니다. 아이들이 서로 협력하여 문제를 해결하는 가운데 자연스럽게 다양한 나라의 문화를 접할 수 있습니다.

사이쇼 키즈(SciShow Kids!)

동물, 우주, 인체뿐만 아니라 실험, 자연 현상, 과학적 사실 등 아이들이 궁금해 할 만한 다양한 과학 개념과 상식을 다루는 채널입니다. 미취학 유아부터 초등학생까지 다양한 호기심과 학습 욕구를 충족시켜 줄 수 있습니다.

바다 탐험대 옥토넛(The Octonauts)

개성 있고 용감한 8명의 동물들이 바다와 육지에서 벌어지는 다양한 문제를 해결합니다. 에피소드 마지막에는 언제나 해양 생물에 대한 지식을 중독성 있는 리듬과 멜로디의 노래로 마무리하지요. 간단한 대화 속에도 풍부한 표현을 얻을 수 있는 시리즈입니다.

과학자 에이다의 위대한 말썽(Ada Twist, Scientist)

퀴리 부인을 모델로 한 꼬마 과학자 친구들이 생활 속에서 만나는 다양한 과학 문제를 해결해 나갑니다. 평소에 접하기 어려운 과학 용어에 자연스럽게 친숙해지도록 돕습니다. 재미난 노래로 어려운 개념을 풀어내는 것이 돋보입니다.

텀플 리프(Tumble Leaf)

파란 여우 'Fig'와 친구들이 다양한 문제를 해결해 나가는 가운데, 도덕적인 가치관을 배우고 상상력을 극대화할 수 있습니다. 자극적이지 않은 영상미가 돋보일 뿐만 아니라 아이들이 스스로 생각하도록 유도합니다.

리들리 존스의 모험(Ridley Jones)

모험심 강한 6살 소녀, 리들리 존스가 밤이 되면 살아나는 박물관의 비밀을 지키며 겪는 흥미진진한 에피소드를 다루고 있는 영상입니다. 공룡, 미라, 도도새, 원숭이 등 아이들이 좋아하는 캐릭터들과 함께 문제를 해결해 나가며 역사적인 유물과 문화 유산에 대해 배울 수 있답니다.

아이들의 삶을 생생하게 다룬 영상을 원해요

블루이(Bluey)

귀여운 파란 강아지 블루이와 가족을 중심으로 일어나는 '진짜 가족 에피소드'를 다룹니다. 다양한 표현을 얻는 것은 기본이고 아이와 부모가 함께 웃으며 삶에 적용시킬 수 있는 아이디어를 얻을 수 있습니다.

다니엘 타이거(Daniel Tiger's Neighborhood)

현실 속 네 살 아이가 가정과 학교, 친구들 사이에서 겪을 만한 에피소드를 다룬 영상입니다. 대사가 빠르지 않고 정확할 뿐만 아니라 주인공 다니엘을 통해 정을 나누는 법을 알려 줍니다. 아이가 롤 모델로 삼기 좋은 영상이 많습니다.

페파 피그(Peppa Pig)

딱 아이들의 눈높이에서 다룬 일상 에피소드가 많습니다. 항상 모범적일 수는 없는 아이들의 모습을 그대로 보여 주기 때문에 아이들 수준의 일상 대화를 접할 수 있습니다.

아이 마음에 꽃을 피우는
부모의 말 30가지

종종 이런 아이들을 봅니다. 말 하나하나가 참 동글동글 예쁘게 빚어져 있는 아이들이요. 어설픈 문장인데 그 안에 꿰어진 단어 구슬 하나하나가 참 반짝입니다. 말도 예쁘지만, 더 빛나는 건 표정과 태도랍니다. 부모가 관심과 애정을 담뿍 담은 말을 많이 건네줄수록 아이의 어휘는 풍부해지고, 그만큼 언어의 질 또한 올라가겠지요.

우리는 삼시세끼 아이를 위해 골고루 챙겨 먹이려 노력합니다. 말도 마찬가지예요. 아이의 한 순간을 다정하게 빚어 주는 말은 영양제나 다름없습니다. 삶을 살아가는 마음의 뼈대를 단단하게 세워 주고, 마음이 지칠 때 다시금 힘을 낼 수 있게 해 주거든요. 이 좋은 말들은 한 가지 전제 조건을 갖습니다. 바로 연습해야 한다는 사실이에요.

저 또한 그랬습니다. 정말 이 악물고 예쁜 말하기를 연습했답니다. 필사도 하고, 눈앞에 붙여 두고, 관련된 육아서를 독파해 가면서요. 덕분에 지금은 말을 참 예쁘게 한다는 이야기를 듣고, 그것을 영어로 녹여낼 수 있게 되었습니다.

어른도 인풋이 있어야 아웃풋이 있는 법! 무슨 말을 해야 할지 감조차 오지 않으실 분들을 위해 아이의 회복 탄력성, 자신감을 키워 주는 말, 'Love'라는 단어 없이도 부모의 사랑을 전달하는 말, 그리고 아이의 삶을 지탱해 줄 긍정 확언을 10가지씩 갈무리해 보았습니다. 여러분의 입에 가장 착 달라붙는 몇 가지를 골라 부디 밥 먹듯 건네주시기 바라요. 밥이 몸의 보약이라면, 다음의 30가지 부모의 말은 아이 마음의 보약이 될 것이라 확신합니다.

씨앗을 뿌리지 않은 밭에서는 아무것도 자라지 않는 법이지요. 아이의 마음 밭에 예쁜 말의 씨앗을 뿌려서 아이만의 고유한 꽃을 피우는 날까지 우리 또 같이 연습해 보면 좋겠습니다.

회복 탄력성과 자신감을 키워 줄 말 10

1. **Your best effort is enough.** 네가 최선을 다한다면 그것으로 충분하단다.

2. You can do anything you dream of. 네가 꿈꾸는 무엇이든 해낼 수 있단다.

3. I believe in you. 엄마(아빠)는 너를 믿어.

4. Just be you! That's enough. 그냥 너답게! 그거면 충분해.

5. You are beautiful to me, inside and out. 너는 얼굴도, 마음도 모두 아름다워.

6. We're a team, you and me. 너랑 나는 한 팀이야.

7. It's okay to cry. 울어도 괜찮아.

8. It's okay to feel sad/disappointed/upset. 슬퍼하고/실망하고/속상해 해도 돼. (모든 감정의 수용)

9. This feeling will pass. 이 감정도 다 지나갈 거야.

10. Take a deep breath. You can try again. 깊게 숨을 쉬고 다시 해 보자.

"사랑해" 없이도 사랑을 전하는 말 10

1. I'm here for you. 엄마(아빠)는 네 옆에 있을게.

2. I see you. I hear you. 네 마음, 이해해.

3. You matter. 너는 소중해. 너는 중요한 사람이야.

4. I have your back. 엄마(아빠)가 너를 지켜 줄게.

5. I understand why you are upset. 왜 화가 났는지 알
   겠어.

6. What would help you right now? 어떻게 하면 네 기
   분이 나아지겠니?

7. Tell me what you need. 지금 네게 무엇이 필요한지 말
   해 주렴.

8. You don't have to apologize. 사과하지 않아도 돼.

9. I support your decision. 네 결정을 존중해.

10. There's only one you in the world. 이 세상에 너라
    는 사람은 단 하나야! (특별하고 소중해!)

매일매일 함께 거울 보며 외치는 긍정 확언 10

1. I'm brave. 나는 용감해.

2. I choose to feel happy. 나는 행복을 선택해.

3. I'm valuable. 나는 가치 있는 사람이야.

4. My feelings matter. 나의 모든 감정은 소중해.

5. I'm a good listener. 나는 경청하는 사람이야.

6. I'm a supportive friend. 나는 친구를 도울 줄 아는 사
   람이야.

7. I'm loved just the way I am. 나는 있는 그대로 사랑받

고 있어.

8. **I'm kind and caring.** 나는 친절하고 다정해.

9. **I'm worthy of respect and love.** 나는 존중받고 사랑

받을 가치가 있어.

10. **I'm responsible.** 나는 책임감이 있어.

에필로그

아이를 기르는 일은 새로운 세계를 창조하는 일입니다. 그 세계가 찬란하게 빛날 수 있도록 열과 성을 다해 돕고 싶은 것이 부모의 마음이지요. 이런 마음과는 달리 실제 현실 육아에서는 내 마음처럼 되지 않는 일투성이고, 육아서처럼 흘러가지 않습니다. 그 안에서 적잖이 불안함에 떠는 것 또한 지극히 자연스러운 일이에요. 우리 모두 부모가 처음인데, 아이는 오로지 부모인 나의 생각과 말로 자라나니까요. 저도 처음에는 꽤 겁을 먹었던 거 같아요.

제 말과 행동이 어쩐지 마음에 들지 않는 하루를 보낼 때면, 죄책감이 들기도 하고 이불킥도 시원하게 빵빵 찹니다. 그리고 이 말을 되새겨요.

'아이는 어른의 씨앗이다.'

우리의 말과 행동이 아이라는 씨앗이 건강하게 뿌리내리고 자라는데 얼마나 큰 역할을 하는지, 매 순간 다시 깨닫고 저를 돌아보아요. "아차!"는 3초, "아하!"는 오래 가져가려 합니다. 매번 신생아가 된 기분으로 저 또한 말의 가시를 뽑아내고, 행동에 편안함이 배어 나오도록 매일같이 노력하는 나날이에요.

이런 마음을 담아 만든 강의와 책은 제가 아이와 함께 성장하는 시간의 합이요, 결과물입니다. 여러분께서도 아이를 영어의 세계로 인도하는 이 귀한 시간 동안 아이의 욕구에 귀를 기울이고 그에 답해 줄 수 있는 힘을 키웠으면 좋겠습니다. 아름다운 노래를 같이 따라 부르고, 심심하면 침대에 나란히 누워 도란도란 책을 읽으며 아이와 엄마의 친밀한 사랑을 나누는 시간이 향기로워지도록, 1도만 더 따뜻한 시선으로 말의 온도를 높이고 손길에 온기를 더하는 시간이 되기를 바랍니다. 그리고 무엇보다 가끔은 쌩쌩 찬바람 부는 말과 고드름같이 뾰족하게 날선 하루를 보냈다 하더라도, '이런 날도 있는 거지!' 하고 넘기는 쿨함 또한 자매품처럼 장착하며 살아요, 우리.

여기까지 책을 읽어 주신 여러분, 다시 한 번 감사합니다. 지금까지도 잘해 왔지만 앞으로도 아이와 근사한 나날을 만들어

갈 여러분에게 멘탈 허그를 보내 드릴게요.

자, 시작하면 길이 보이는 법! 오늘 당장 책을 덮고 아침 인사부터 쉽고 짧게 시작해 보시기를. 매일의 한마디의 작은 습관으로 더 촘촘하고 밝은 내일이 기다릴 거예요.

더 넓은 세상을 마음에 품는 그날까지, 우리 함께 천천히, 꾸준히, 조금씩 같이 걸어 나가요.

넛지 영어

초판 1쇄 발행 2025년 2월 10일

지은이 엘리쌤
발행인 양진오
편집인 미미 & 류
발행처 교학사
등록번호 제25100-2011-256호
주소 서울 마포구 마포대로 14길 4, 5층
전화 02-707-5239
팩스 02-707-5359
이메일 miryubook@naver.com
인스타그램 @miryubook

ISBN 979-11-88632-25-1 (13740)

미류책방은 교학사의 임프린트입니다.